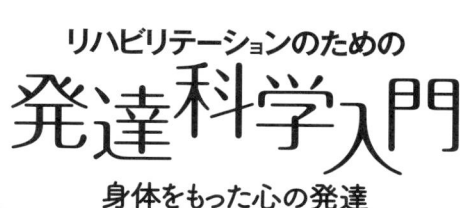

リハビリテーションのための
発達科学入門
身体をもった心の発達

浅野大喜 著

協同医書出版社

装幀……岡　孝治

まえがき

発達への"信"

　私には新人のころの苦い経験がある．

　まだ臨床2年目にしてNICU（neonatal intensive care unit；新生児集中治療室）で2人目に受け持ったHちゃんのリハビリテーションである．

　Hちゃんは分娩時の問題で低酸素脳症になり，主治医から重度の四肢麻痺を呈するであろうと予測されていた．私はそのHちゃんのところに毎日決められた時間にリハビリテーションに行っていた．その時間は，ぜひリハビリテーションを見たいと希望しているお母さんが毎日面会に来られる時間でもあった．

　当時の私には，脳に損傷を負って身体に麻痺が生じたとしても，出生後すぐにリハビリテーションを開始して，その後出てくるであろう異常な動きや筋緊張の異常を抑制さえすれば，身体の動きの障害はそこまで残らないであろうという安易な考えが根底にあった．しかし，そんな私の甘い考えを否定するかのようにHちゃんは四肢の緊張を高め，全身を反り返らせ，泣き始めるのであった．

　実際，新生児だからと侮っていたHちゃんの全身の力は，私の必死の抑制を容易に跳ね返すほどの力をもっていた．

　私はお母さんの視線を背中に浴びながら，汗だくになり，思うようにならない焦りとまた苛立ちさえも感じ始めていた．そのときお母さんは"がんばって！　Hちゃん!!"と言いながら，私の何の根拠もないリハビリテーションと称しているだけの外部からの一方的な操作と抑制に期待と希望を

発達への"信"

もって応援するのだった．そして私の苛立ちがお母さんにも伝染するかのように，お母さんの必死の声も大きくなっていくようだった．そんな日を重ねていくうちに，Hちゃんは泣くたびに全身をこわばらせて反り返るといういわゆる重度の痙直型脳性四肢麻痺児という状態になっていった．

　その後，Hちゃんは施設への入所が決まり，数か月後には退院していった．

　私はあのときほど自分の無力感を感じたことはなかった．それ以降，異常な反射や動きを抑制したり，外部から子どもの動きを操作してコントロールしたりハンドリングしたりするだけのリハビリテーションとは決別した．そして悩んだ．あのときのあの状況は私が作り出したものであり，何かが間違っていた．私は何をすべきだったのか？

　それは"発達"という視点の欠如ではないかとあるとき思い至った．あのときのあの状況，つまりお母さんが必死の形相になって声をかけていたあの場は，子どもが発達していく場とはとうてい言えないものではなかったか．そのような視点に到達したとき，"発達"という現象について何も知らないことに気づいた．それならば，"発達とは何か"を勉強する必要があった．実際，現在のリハビリテーションに関連する職種である理学療法や作業療法の教育では，子どもの発達について詳しく教えているところはほとんどないであろう．そして子どもの運動発達については，反射を中心に教えられ，国家試験にも反射を中心とした訓練，治療についての問題が出されているのが実状である．しかし運動発達だけでなく，認知発達いわゆる知的発達や社会発達を含めた"発達"という現象そのものを総体的にとらえた教育はなされていない．それゆえ"発達"という現象を少しでも理解するためには，発達心理学や発達科学について勉強するしかなかった．

　発達科学を勉強していくと，最近では新生児からの子どもの発達を反射の統合によって説明することはすでに古典的な考えであることを知った．そして新生児が原始反射によって支配されているわけではないことを示す多くの科学的知見を知った．それによって新生児は，すでに探索意欲をもった適応的な存在であることを知った．

私はそれを知ったときになぜかほっとしたのを覚えている．なぜなら反射に支配された赤ちゃん像は，私たち大人とは別の生き物であるかのように感じたし，反射によって説明されてきた子どもの発達には，その子どもの主体性というものが感じられなかったからである．

　そのような知見をもって実際の新生児を観察してみると，その赤ちゃんの世界が理解できたように感じた．最近ではDevelopmental Care（DC；発達支援ケア）と呼ばれるNICUでのケアが浸透しつつある．そこでは赤ちゃんの視点からストレス反応を読み取ったケアが行なわれている．しかし，（得てして医療従事者は）障害をもって生まれた赤ちゃんという認識をもった途端，反射や異常な筋緊張など外部観察中心のとらえ方へとその赤ちゃんに対する認識が変わってしまう．そこから子どもの主体性はなくなってしまうのである．このような事態は，極力避けなければならない．

　本書は，発達科学のさまざまな知見を知ることで，健常な赤ちゃんの世界について理解するだけでなく，障害をもって生まれた赤ちゃんに対する理解を深めるために書いたものである．もしかしたら，そもそも健常な赤ちゃんと障害をもって生まれた赤ちゃんは，生まれたときから共通する部分がないと考えている人もいるかもしれない．しかし，発達という現象は健常児も障害児も同じ原動力をもってなされていることは確かである．それはつまり"社会的なかかわり"と"探索"への動機である（von Hofsten C, 2007）[*]．それならば発達という視点から障害児のリハビリテーションをとらえ直すことが重要なのではないだろうか．なぜなら障害児に起こっているのは，病的状態からの回復ではなく"発達"なのだから．

　本書の構成は，まず序章で人間の発達とは，生まれたときから個別的でありながら，共同的すなわち社会的な関係性のなかで育つことについて述べた．そして，そのような他者とのやりとりをしていくためには，個別性である自己の身体を知ることから始まることを第1章で述べた．

---

[*]: von Hofsten C. Action in development. Dev Sci 2007; 10: 54-60.

発達への"信"

　その後，第2章では他者とやりとりをしていくなかで，他者の行動にどのように注意を向けて認識していくのかについて述べている．

　第3章では他者行動を認識し，それを再生していく能力，すなわち模倣の発達について最近の研究を紹介し，最終的には他者との共感，自己の認識へと回帰していく可能性について述べた．

　そして終章では，発達障害児のリハビリテーションについて子どもの視点から介入していくことの必要性について述べた．

　将来の子どもたちのために，今後の小児リハビリテーションを背負っていくことになる若いセラピストにはぜひ本書を読んでいただき，忌憚のないご意見を頂戴できたら幸いである．

謝辞：このまえがきのタイトルは，雑誌「現代思想"特集 発達障害―療育の現場から"」（2007年5月号，青土社）中の記事「発達への〈信〉触発する遊びの共同体」（江川博和［聞き手＝澤野雅樹］）の同名タイトルを使わせていただいた．この場を借りて謝意を述べたい．私はこの表現に，生まれた者のもつ生きる力，育とうとする力を信ぜずして大人に何ができようか！という強い意志を感じる．私はこの本の読者とも，この言葉に託された決意を分かち合いたいと願う．

目　次

まえがき　発達への"信" ……………………………………… iii

序　章　他者との出会い

はじめに出会うのは他者である ……………………………… 1
同型性と相補性 ………………………………………………… 3
他者との関係性のなかで発達する …………………………… 6
　■文　献　1〜28 …………………………………………… 7

第1章　自己身体の発見

1. 初めにあるのは身体である ……………………………… 9
2. **自己身体の体性感覚による探索** ……………………… 9
　　胎児期における体性感覚的身体の形成 ………………… 9
　　ダブルタッチの発達的変化 ……………………………… 12
　　ジェネラルムーブメントの変化は
　　　自己身体の認識過程を反映している ………………… 15
　　2か月革命 ………………………………………………… 17
3. **自己身体の視覚的発見と認識** ………………………… 18
　　体性感覚的身体から視覚的身体へ ……………………… 18
　　自己の視覚的身体表象の発達 …………………………… 22
　　自他を区別するためのメカニズム ……………………… 24
　　外界に変化を起こすものとしての自己探索 …………… 27
4. **自己身体認知によって支えられる**
　　　探索行動の発達 ……………………………………… 28
　　プレリーチング行動の出現 ……………………………… 28
　　姿勢制御能力と探索行動 ………………………………… 29
　　行為の可能性の知覚 ……………………………………… 29

vii

　　　　視覚と探索行動の関係・・33
　　　　■ 文　献　1〜66・・・37

第2章　他者身体の認識

1. **他者とのやりとり経験の重要性**・・・・・・・・・・・・・・・・・・・・・・・・・43
2. **他者とのやりとりの始まり**・・・・・・・・・・・・・・・・・・・・・・・・・・・・・・44
　　随伴性の検出・・・44
　　社会的随伴性に対する感受性・・・・・・・・・・・・・・・・・・・・・・・・・・・・・・45
　　コミュニケーションとしての模倣行動・・・・・・・・・・・・・・・・・・・・・47
　　模倣されていることへの気づき・・・・・・・・・・・・・・・・・・・・・・・・・・・48
　　社会的随伴性の検出・・・・・・・・・・・・・・・・・・・・・・・・・・・・・・・・・・・・・50
　　社会的随伴性の検出は養育態度に影響を受ける・・・・・・・・・・・51
　　乳児の心理的スタンスの発達段階・・・・・・・・・・・・・・・・・・・・・・・・54
3. **他者行動の認知**・・・55
　　モーショニーズ（motionese）への選好・・・・・・・・・・・・・・・・56
　　他者行動に対する注意・・・・・・・・・・・・・・・・・・・・・・・・・・・・・・・・・・・59
　　自己の運動経験が他者行動への注意を高める・・・・・・・・・・・・・61
　　他者行動の意図理解・・・・・・・・・・・・・・・・・・・・・・・・・・・・・・・・・・・・・65
　　自己の経験は他者行動の意図理解の源である・・・・・・・・・・・・・67
　　移動経験が社会的相互作用を変化させる・・・・・・・・・・・・・・・・・70
　　■ 文　献　1〜61・・72

第3章　他者行動の模倣・再生

1. **他者行動の理解から模倣へ**・・・・・・・・・・・・・・・・・・・・・・・・・・・・・77
　　子どもの他者理解からみた模倣の分類・・・・・・・・・・・・・・・・・・・77
　　身体模倣の発達—mimicryの発達・・・・・・・・・・・・・・・・・・・・・78
　　物を使った模倣の発達—emulationの発達・・・・・・・・・・・・・81

　　　　　相手の意図を再現する模倣— emulation から imitation へ‥‥83
　　　　　imitation から共有行動としての模倣へ‥‥‥‥‥‥‥‥86
　　　　　模倣に影響を与える因子‥‥‥‥‥‥‥‥‥‥‥‥‥‥‥89
　　　　　まとめ—模倣の発達過程‥‥‥‥‥‥‥‥‥‥‥‥‥‥‥91
　　2. 模倣から自己の認識へ‥‥‥‥‥‥‥‥‥‥‥‥‥‥‥‥‥‥91
　　　　　比較認知科学からみた模倣と自己身体認識—社会的身体表象
　　　　　‥‥‥‥‥‥‥‥‥‥‥‥‥‥‥‥‥‥‥‥‥‥‥‥‥‥91
　　　　　子どものミラーニューロンシステム‥‥‥‥‥‥‥‥‥‥92
　　　　　自己身体と他者身体の同型性・相補性から
　　　　　　生まれる自己認識‥‥‥‥‥‥‥‥‥‥‥‥‥‥‥‥‥95
　　　　　■文献　1～31‥‥‥‥‥‥‥‥‥‥‥‥‥‥‥‥‥‥‥95

終　章　発達科学から発達リハビリテーションへ

　1. 原始反射の再考‥‥‥‥‥‥‥‥‥‥‥‥‥‥‥‥‥‥‥‥‥‥99
　　　　原始歩行‥‥‥‥‥‥‥‥‥‥‥‥‥‥‥‥‥‥‥‥‥‥‥99
　　　　口唇探索反射‥‥‥‥‥‥‥‥‥‥‥‥‥‥‥‥‥‥‥‥100
　　　　把握反射‥‥‥‥‥‥‥‥‥‥‥‥‥‥‥‥‥‥‥‥‥‥100
　　　　姿勢反射‥‥‥‥‥‥‥‥‥‥‥‥‥‥‥‥‥‥‥‥‥‥101
　2. 身体表象の発達過程‥‥‥‥‥‥‥‥‥‥‥‥‥‥‥‥‥‥‥102
　リハビリテーションへの指針‥‥‥‥‥‥‥‥‥‥‥‥‥‥‥‥104
　子どものリハビリテーションにおける他者の役割‥‥‥‥105
　発達リハビリテーションの提言‥‥‥‥‥‥‥‥‥‥‥‥‥‥106
　　　　　■文献　1～17‥‥‥‥‥‥‥‥‥‥‥‥‥‥‥‥‥107

あとがき‥‥‥‥‥‥‥‥‥‥‥‥‥‥‥‥‥‥‥‥‥‥‥‥‥‥‥109
索　引‥‥‥‥‥‥‥‥‥‥‥‥‥‥‥‥‥‥‥‥‥‥‥‥‥‥‥111

編集制作：永和印刷編集室／本文デザイン・DTP 組版：浅野裕美

序章 他者との出会い

はじめに出会うのは他者である

　人がこの世に生まれて最初に出会うのは他者である．

　読者の皆さんは，出生したばかりの新生児の世界を想像してみたことがあるだろうか．出産や子育ての経験のある人なら一度は赤ちゃんの感じている世界を想像してみようと考えたことがあるかもしれない．

　初めに筆者の知識と想像の許す限り，生まれたばかりの新生児の世界を記述してみようと思う．

　産声をあげ，生まれたばかりの新生児には，外界をしっかりと見る時間が準備されているのをご存知だろうか．

　新生児は生まれてすぐに眠りにつくのではなく，high arousal 期と呼ばれるしっかりと起きている時間がおよそ 80 分間続くとされている[1]．新生児の視力は大人の約 30 分の 1 であるとか，約 0.02 などといわれており，見えているのは図1のような私たち成人がすりガラスを通して見る世界に似ている[2-3]．さらにかなりの近視であるために比較的近くのものは見えるが，ある程度距離が遠くなるとぼやけて見えなくなる（図2）．そしてほとんどの場合，生まれて最初に出会うのは他者である．それがどんな文化，環境であれ人間の新生児は他者からの援助やかかわりがなくては生存できないため，必然的に最初に出会うのは他者となる．

　新生児にしてみれば，今まで視覚的には薄暗く，聴覚的には羊水を通してしか聞こえていなかった世界から，目には光が直接差し込み，空気を通してクリアに周りの音が聞こえてくる世界へと一変する．このとき，新生児の目にはうっすらぼやけている視覚世界が抱き上げられ

序章　他者との出会い

図1　high arousal 期の他者との出会い
出生直後から他者と出会い，模倣し，模倣されるというやりとり経験が始まる．

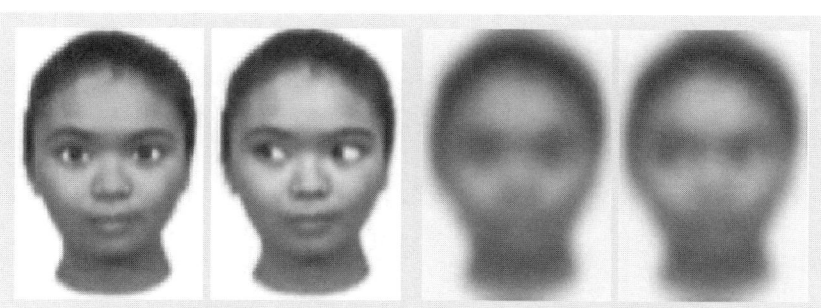

a．50 cm 離れた顔の見え方　　　b．2 m 離れた顔の見え方

図2　新生児の視覚世界
生後数日の新生児が他者を見たときの光景．
(Johnson MH. Nat Rev Neurosci 2005; 6: 766-74.[3] より改変)

ることによって視界全体が動いたり，止まったりする．しかし，そのうち自分の身体全体が動いたときに生じる前庭感覚によって，常にそれと連動して視界も動くことに気づき始める．すぐにそれとは別に自分の身体が動かされていないのに視界のなかを動くものがあることに気づく．その動くものはたびたび自分の目の前で止まり，どこかで聞き覚えのあるトーンやリズムをもった声が聞こえてくる[4-5]．どうやらその声は，目の前の丸い輪郭をもち，内部にＴ字型や逆三角形に配置されたその部分が動くたびに聞こえてくるようである[6-8]．これと同じ経験を一日に何度も経験するうちに，その決まりきった法則性と毎回まったく同じ反応ではないという多様性の両方の特性を併せ持つこの対象に興味を引かれていくことになり，他者が特別な存在となっていく．

　このように初めに他者と出会うという経験は，視覚だけでなく，聴覚，触覚，前庭感覚などさまざまな感覚モダリティを通して同時に経験される．そしてこの経験は，生まれたばかりの新生児が仰向け（仰臥位）の姿勢を維持することによって得られるものであり，対面でコミュニケーションをとる人間特有のものであるとされている[9]．人間に最も近いとされるチンパンジーでさえ，生まれてすぐに仰向けの姿勢を維持することはできない．人間は他者とコミュニケーションをとるために産声をあげ，その直後の覚醒期によって他者と対面し，出会い，その後安心して眠りにつくのである．

同型性と相補性

　発達心理学者の浜田寿美男によれば，身体と身体が出会うとき，"人は身体をもって生きるがゆえに個別的である一方で，身体をもっているがゆえに共同的である"とし，発達にとって他者との関係性，すなわち"共同性"において"同型性"と"相補性"という２つの概念を基礎として発達していくことを強調している（図3）[10-11]．

　同型性とは，２つの身体が出会ったとき，そこで相互に"相手と同じ型をとること"であり，相補性とは，相互に"能動と受動をやりとりすること"である．

序章　他者との出会い

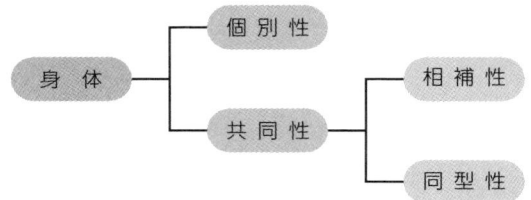

図3　身体の両義性
（浜田寿美男.「私」とは何か. 講談社；1999.[11]）

　同型性の典型例としては，生まれたばかりの新生児が他者の顔の動きや表情をまねる新生児模倣という現象があげられる[12-13]．この現象が模倣であるかどうかは，現在でも論争が続いているが[14-16]，他者の顔の動きを見て，それを新生児特有の知覚世界で受け止めることによってそれに共鳴してしまう共鳴動作（co-action）と考えられている．前にも述べたように他者と出会うときには他者という存在をさまざまな感覚を通して同時に感じ経験する．

　Bahrickらによれば，新生児はアモーダル情報（amodal information）と呼ばれる視覚，聴覚，触覚などのひとつの感覚モダリティに限定されない，たとえばリズムや強さ，大きさの変化などの共通する情報を主に知覚しているとされる[17]．これは脳のなかでも皮質下のシステムで処理されるため未分化で共感覚的なものであろうと考えられている[18-19]．

　相補性の典型例として浜田は，他者と目が合う，見つめ合うという現象には見る−見られるという能動と受動のやりとりが存在し，そのなかに相補性の原初をみている[10, 11]．また，抱く−抱かれる，握る−握られる，声をかける−かけられる，という現象が成り立つためにも相補性が基礎となっている．

　正高は，この能動−受動のやりとりを新生児の授乳場面の吸啜（きゅうてつ）行動のなかに見いだしている（詳しくは原著書を読んでいただきたい）[20]．

　これらの相補性の例は，生後2か月ごろになると顕著に現れてくる．赤ちゃんは生後2か月ごろになると泣き声をあげる以外にクーイング（coo-

同型性と相補性

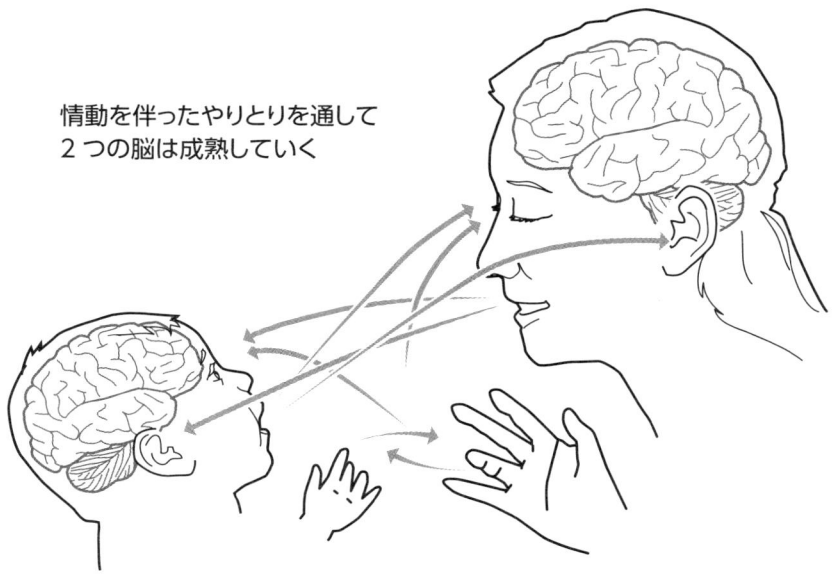

図4　第一次間主観性
他者と対面し，情動を伴った相互作用をすることで，お互いにそれを共有するような感覚が生まれる．
(Trevarthen C. The concept and foundations of infant intersubjectivity. In: Braten S, editor. Intersubjective Communication and Emotion in Early Ontogeny. NewYork: Cambridge University Press; 1998. p. 24[21])より改変)

ing）と呼ばれる発声行動が頻繁にみられるようになる．これはしっかりと覚醒し，機嫌が良く，落ち着いているときにみられる発声で，"クー"とか"アー""ウー"のように聞こえる．この発声行動に対してたいていの養育者は"どうしたの？"などと話しかけて応答する．そうするとさらにそれに答え返すようにクーイングがみられ，会話の原形ともいえる現象が出現するようになる．ここにも役割交替を伴ったやりとり（turn taking），すなわち相補性を見てとることができる．

　Trevarthenは，この生後間もない時期からの相補性を"原会話（protoconversation)" と呼び，さらにこれを第一次間主観性の現れと解釈している（図4）[21-22].

　Tomaselloも他者を認知していく過程において，この同型性と相補性の2つを重要な要素としてあげ，他者と同調したり，相補したりする関係を積み重ねることによって他者を自分と同じような意図をもつ存在であると理解するようになるという[23]．Tomaselloは，それが生後9か月ごろ可能になるとし，それを"9か月革命"と名づけている．他者の意図理解については後の章で詳しく述べる．

他者との関係性のなかで発達する

　子どもの発達は，これまでピアジェ（Jean Piaget）により指摘されてきたような個人が環境とかかわるなかで，さまざまな能力をひとりで発達させていくようなものではない．過去に実際にあったいくつかのネグレクト（保護者の養育拒否）の事例が証明してきたように，養育者との適切なかかわりがなければ，人間は適切に発達できないことはすでに明白である[24-25]．

　鯨岡は，子どもの発達を個体の発達する能力のみに限定して考えるのではなく，初期の"子ども-養育者"間の関係のなかで発達という現象をとらえていくことが重要であると主張し，それを関係発達論として提案している[26]．その基盤には発達心理学者ヴィゴツキー（Lev Semenovich Vygotsky）が提唱した精神間作用（inter-mental）から精神内機能（intra-mental）へという発達の流れがある．すなわち初めは他者と共同，相補し合いながら可能になっていたことが，次第に個人の内的な能力として獲得される．さらに児童精神科医である滝川一廣は，発達障害児の世界を考察するなかで次のように述べている[27]．

　"人間の認識の発達とは，たんに生理学的な感覚・知覚を通して世界をとらえてゆくことの発達ではありません．感覚・知覚したまま世界をナマでとらえるのではなく，それをすでに周りの人々がとらえているとらえ方でとらえ直してゆくという構造をもちます．なぜなら，人間にとって世界とは生理学的に直接に感覚されるたんなる物質世界ではなく，社会的・文化的な共同

世界という構造をもっているからです．個体として単独に世界を知ってゆくのではなく，周りの人たちが知っている仕方で自分も世界を知ってゆき，周りの人たちと認識世界を共有していくのが認識の発達にほかなりません．（中略）私たちの認識のあり方は社会的に学習されるものなのです"

　このように子どもは，この世に生まれ出た瞬間から他者とのかかわりのなかで，他者を規範としながら周りの世界をとらえていく方法を学んでいく．したがって子どもの発達を考える場合，すべての領域の発達において他者との関係性抜きには考えられない．これは社会性の発達に限らず，運動発達，知的発達，さらには視覚，聴覚，触覚などの知覚認知能力や身体イメージなど内的と考えられるものに至るまですべてである[28]．

　本書では，乳児が出生してから他者と出会うなかで，どのように自己の身体を他と区別し，身体のイメージを形成していくのか．そして他者の行動を観察し自分の行動を変容させていく，いわゆる模倣学習をしていくために他者の行動やその意図をどのように認識していくのかについて，最近の発達科学の知見を紹介していく．

■文　献（9, 22-26 は参考文献）

1. 大藪　泰. 新生児心理学. 川島書店; 1992. p. 6-8.
2. 山口真美. 赤ちゃんは世界をどう見ているのか. 平凡社; 2006. p. 18-19.
3. Johnson MH. Subcortical face processing. Nat Rev Neurosci 2005; 6: 766-74.
4. Kisilevsky BS, et al. Fetal sensitivity to properties of maternal speech and language. Infant Behav Dev 2009; 32: 59-71.
5. DeCasper AJ, Spence MJ. Prenatal maternal speech influences newborns' perception of speech sounds. Infant Behav Dev 1986; 9: 133-50.
6. Simion F, et al. Newborns' preference for up-down asymmetrical configurations. Dev Sci 2002; 5: 427-34.
7. Turati C, Simion F. Newborns' recognition of changing and unchanging aspects of schematic faces. J Exp Child Psychol 2002; 83: 239-61.
8. Farroni T, et al. Newborns' preference for face-relevant stimuli: effect of contrast polarity. Proc Natl Acad Sci USA 2005; 102: 17245-50.
9. 竹下秀子. 赤ちゃんの手とまなざし：ことばを生みだす進化の道すじ. 岩波書

店 ; 2001.
10. 浜田寿美男. 意味から言葉へ. ミネルヴァ書房 ; 1995. p. 111-158.
11. 浜田寿美男.「私」とは何か : ことばと身体の出会い. 講談社 ; 1999. p. 97-135.
12. Meltzoff AN, Moore MK. Imitation of facial and manual gestures by human neonates. Science 1977 ; 198 : 75-8.
13. Meltzoff AN, Moore MK. Newborn infants imitate adult facial gestures. Child Dev 1983 ; 54 : 702-9.
14. Jones SS. Imitation or exploration? Young infants' matching of adults' oral gestures. Child Dev 1996 ; 67 : 1952-69.
15. Jones SS. The development of imitation in infancy. Philos Trans R Soc Lond Biol Sci 2009 ; 364 : 2325-35.
16. Anisfeld M. Neonatal Imitation : A review. Dev Rev 1991 ; 11 : 60-97.
17. Bahrick LE, Hollich G. Intermodal Perception. In : Haith MM, Benson JB, editors. Encyclopedia of Infant and Early Childhood Development. San Diego : Academic Press ; 2008. 2 : 164-76.
18. 明和政子. 心が芽ばえるとき : コミュニケーションの誕生と進化. NTT出版 ; 2006. p. 58-65.
19. Baron-Cohen S. Is there a normal phase of synaesthesia in development? Phyche 1996 ; 2.
20. 正高信男. 0歳児がことばを獲得するとき : 行動学からのアプローチ. 中央公論新社 ; 1993. p. 3-28.
21. Trevarthen C. The concept and foundations of infant intersubjectivity. In : Braten S, editor. Intersubjective Communication and Emotion in Early Ontogeny. NewYork : Cambridge University Press ; 1998. p. 15-46.
22. Trevarthen C, Reddy V. Consciousness in infants. In : Velman M, Schneider S, editors. The Blackwell Companion to Consciousness. Oxford : Oxford Blackwells ; 2007.
23. Tomasello M. The cultural origins of human cognition. Cambridge MA : Harvard University Press ; 1999.
大堀壽夫ほか訳. 心とことばの起源を探る. 勁草書房 ; 2006.
24. 藤永　保ほか. 人間発達と初期環境. 有斐閣 ; 1987.
25. 藤永　保. ことばはどこで育つか. 大修館書店 ; 2001.
26. 鯨岡　峻. 関係発達論の構築 : 間主観的アプローチによる. ミネルヴァ書房 ; 1999.
27. 滝川一廣.「こころ」の本質とは何か : 統合失調症・自閉症・不登校のふしぎ. 筑摩書房 ; 2004. p. 83-89.
28. 田中彰吾, 湯浅泰雄. 身体図式からイマジナル・ボディへ. 人体科学 2001 ; 10 : 21-9.

第 1 章 自己身体の発見

1 初めにあるのは身体である

初めに人間が出生してから他者と出会う様相について同型性と相補性という観点からみてきた．しかし，そもそも身体と身体が出会う場面，すなわち共同性のなかで，その関係性が成り立つためにはあらかじめ共鳴し合うべき身体がなければならない．つまり，**図 3**（p. 4）の個別性である．身体それ自体は出生後に突然現れるのではなく，すでに母親の胎内で存在している．それでは身体感覚としての自己はどのように形成されるのであろうか？

以下，身体感覚を基盤とした自己が形成される過程についてみていく．

2 自己身体の体性感覚による探索

■ 胎児期における体性感覚的身体の形成

胎児は，子宮内で四肢を屈曲した姿勢で胎生期を過ごす．この屈曲した姿勢（**図 1・1**）は，発生の段階ですでに備わっている．この屈曲姿勢をよく見ると，手と手，手と足，顔が常に近い距離に位置していることがわかる．これは妊娠後期になるとさらに顕著となり，常に手や足がほかの身体部位と触れ合って過ごすことになる（**図 1・2**）．

このとき胎児は何を学習しているのであろうか．胎児の学習能力については，妊娠中に完成している感覚器官は，触覚，聴覚と前庭感覚であるといわれており[1]，そのなかでも聴覚については近年さまざまな学習能力があることが証明されている[2-5]．また，触覚についても早産児が手の触覚を用いて形の弁別学習が可能なことも示

第 1 章　自己身体の発見

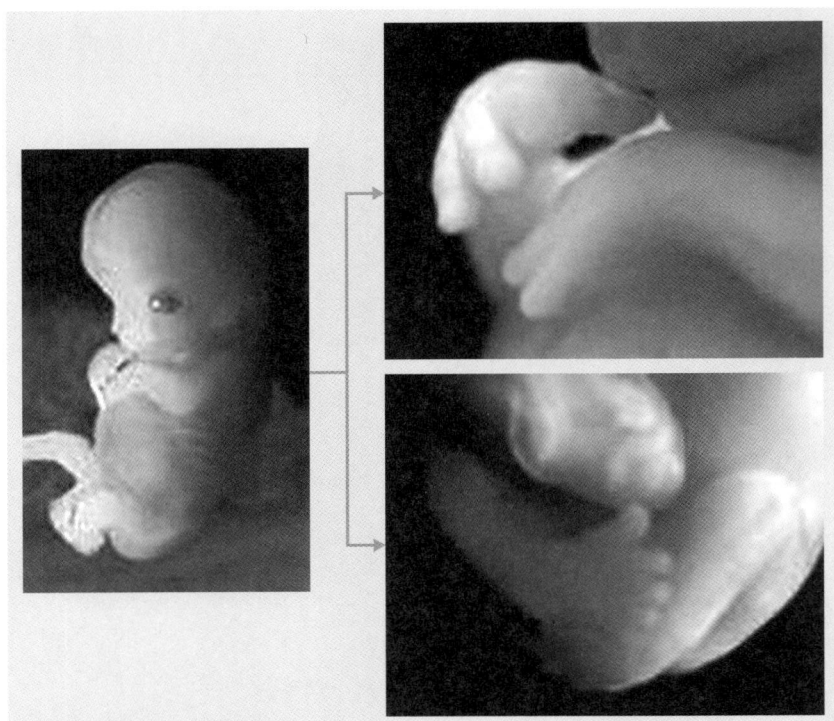

図1・1　胎生 8 週の姿勢
身体ができあがったときにはすでに手と手，手と口，足と足が触れ合っていることに注意．

されている[6]．

　RochatとHesposの研究では，生後 24 時間以内の新生児に対して自分の手が口周囲に触れた場合と，他者の指が新生児の口周囲に触れた場合の口唇探索反応（触れたほうに口を動かそうとする反応）を比較したところ，他者の指が口周囲に触れた場合は，自分の指が触れた場合の約 3 倍の頻度で口唇探索反応を示すことがわかった[7]．さらに新生児は自分の手を口にもっていくとき，手が口に触れることを予期しているかのように口を先に開けることを見いだした[8]．

10

2. 自己身体の体性感覚による探索

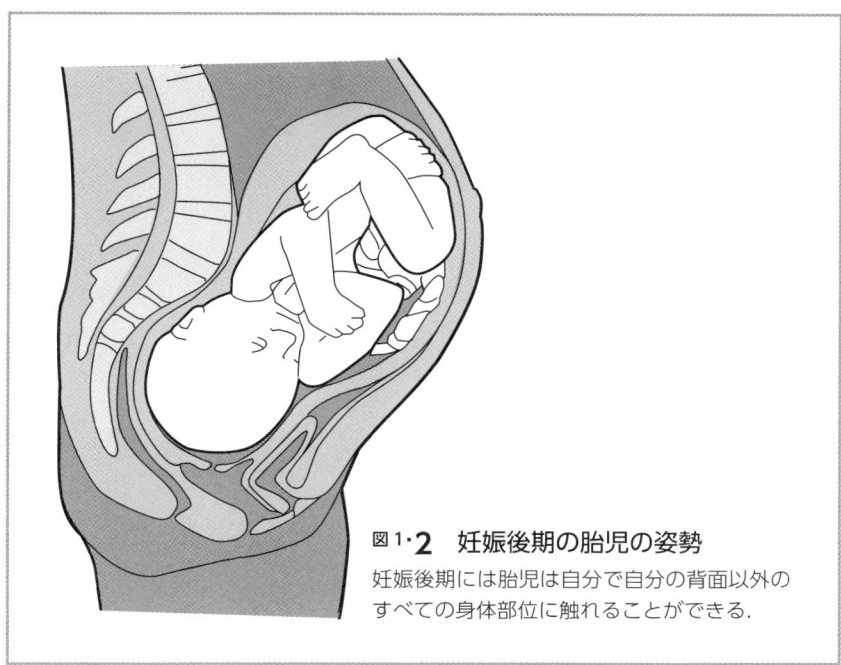

図1・2　妊娠後期の胎児の姿勢
妊娠後期には胎児は自分で自分の背面以外の
すべての身体部位に触れることができる．

　これをさらに裏づけるように，最近では在胎 24 週の胎児においても指を
しゃぶるときに予期的に口開けをすることが 4D の超音波映像によって確か
められた（**図1・3**）[9]．明和は，在胎 22 週ごろには指を口周囲にスムーズに
もっていくようになり，予期的口開けがみられること，さらにこの行動を何
度も繰り返す傾向があることから，この時期には感覚運動経験を繰り返すこ
とによって，自己受容感覚に基づく自己を形成している可能性を指摘してい
る[10]．
　Rochat は，胎内においてよく見られるような自分の身体部位でほかの身
体部位に触れる経験を"ダブルタッチ（二重接触；double touch）"と呼ん
でいる[11]．なぜなら自分の手で自分の顔に触れる場合，手で触れる経験と
顔に触れられる経験の二重の経験が生じているからである．
　このダブルタッチは，自己受容感覚に基づいた自己身体の探索行為だと考

第 1 章　自己身体の発見

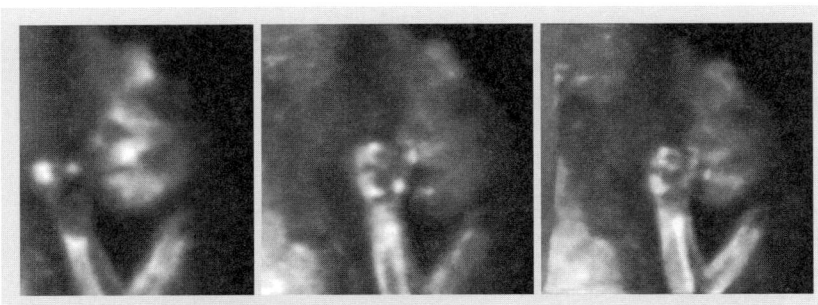

図1・3　胎児の予期的口開け（24週）
(Myowa-Yamakoshi M, et al. Infancy 2006; 10: 289-301.[9])

えられている[7]．このとき胎児は，自分の手や足の動きに対応して，接触できる身体部位について学習している可能性がある．これにより出生時には，すでに視覚に依存しない体性感覚のみによって形成された，身体化された自己というものをもっていると考えられる．本書ではこれをわかりやすく"体性感覚的身体（表象）"と呼んでおく．

体性感覚的身体の脳内での表現としては，Sakataによりサルの脳において発見された関節の動きと接触部位の組み合わせニューロンが発見されており，非常に興味深い[12]．

サルの頭頂連合野には，特定の関節の動きと接触場所の組み合わせによって発火するニューロンが多く存在する（図1・4）．たとえば，両肩を内側に内転させて手と手を合わせたときによく反応するニューロン，通称"合掌ニューロン"と呼ばれるものや，複雑な左右の関節の動きと接触部位の組み合わせに対応して発火するニューロンなどがある（図1・5）．これらのニューロンはダブルタッチを表現したニューロンと考えられ，身体図式を表すものと考えられている[13]．

■ ダブルタッチの発達的変化

小西は早産児を対象にダブルタッチの変化の様子を観察したところ，受精後30週ごろは，手で頭や顔，肩など上半身に触れることが多かったが，40

12

2. 自己身体の体性感覚による探索

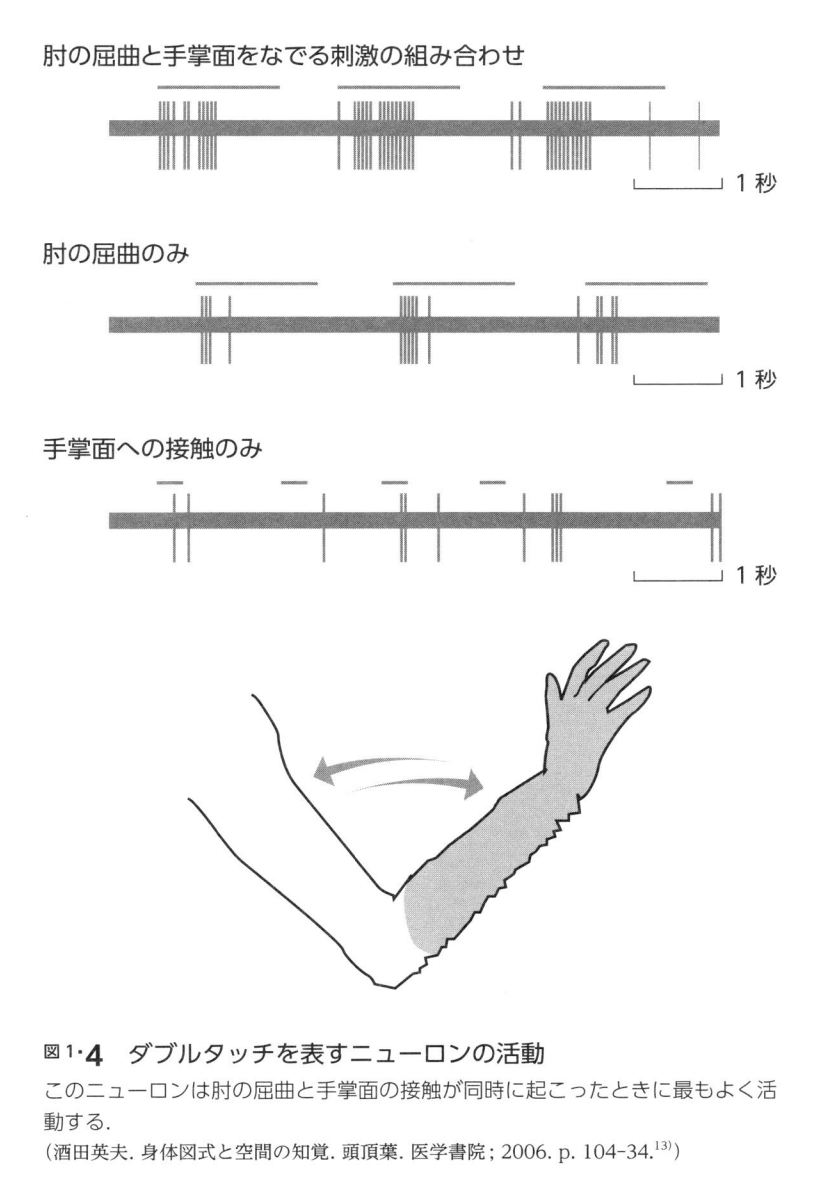

図1・4　ダブルタッチを表すニューロンの活動
このニューロンは肘の屈曲と手掌面の接触が同時に起こったときに最もよく活動する．
(酒田英夫. 身体図式と空間の知覚. 頭頂葉. 医学書院; 2006. p. 104-34.[13])

第1章　自己身体の発見

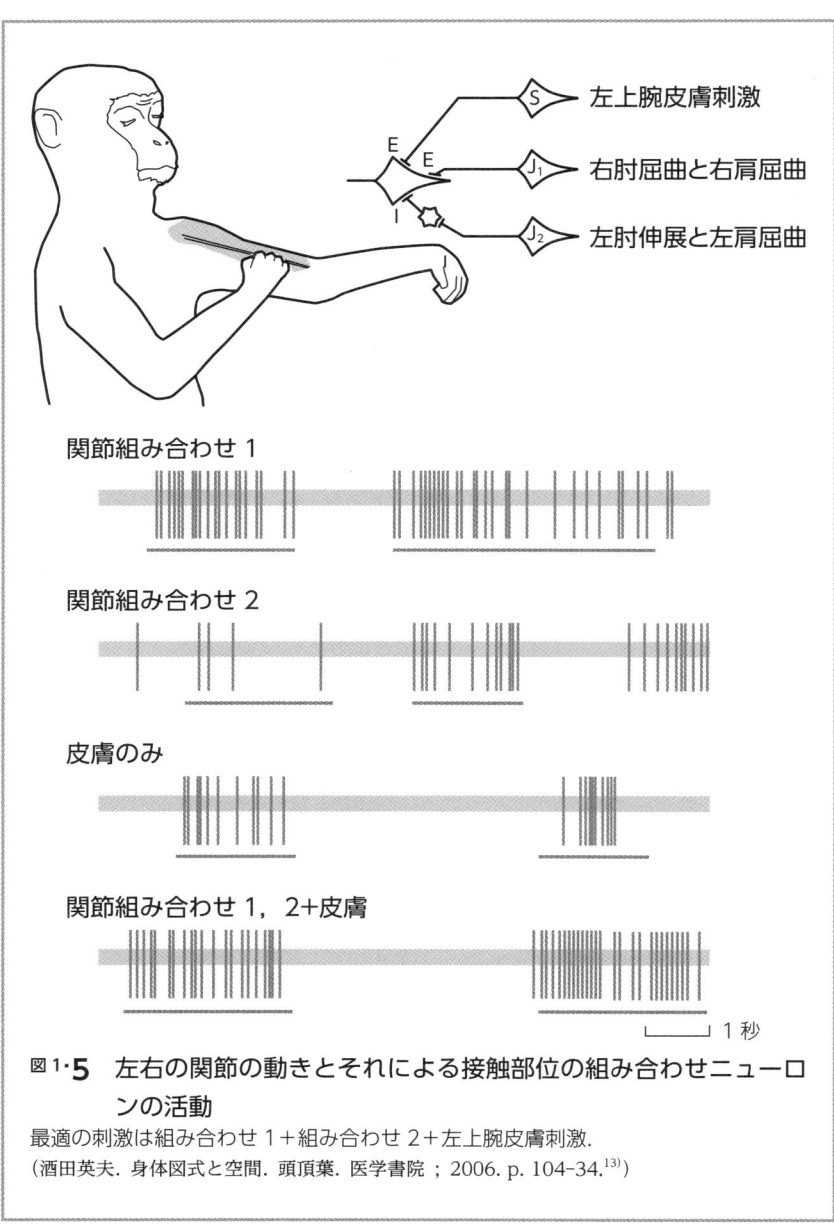

図1・5　左右の関節の動きとそれによる接触部位の組み合わせニューロンの活動
最適の刺激は組み合わせ1＋組み合わせ2＋左上腕皮膚刺激．
（酒田英夫．身体図式と空間．頭頂葉．医学書院；2006. p. 104-34.[13]）

2. 自己身体の体性感覚による探索

週に近づくにつれて徐々に下肢のほうへ触れるように変化することを見いだしている[14]．そして新生児期には，覚醒している時間のおよそ20%以上をダブルタッチに費やしていることもわかっている[15]．

このように胎児期から新生児期のダブルタッチ経験によって，手とほかの身体部位の位置関係を把握し，身体図式すなわち体性感覚的身体表象を形成するようになると考えられる．

出生後のダブルタッチの頻度や持続時間は姿勢によって変化し，姿勢制御能力とも関係があることが明らかになっている．特に仰臥位での手と手の接触は，姿勢制御能力が向上するにつれて増加する[16]．これは両腕を持ち上げて空中に保持するためには，乳児特有の丸みを帯びた体幹を安定させる姿勢制御能力が必要なことを示唆している．

Takayaらによって，早産児の手を顔にもっていく行動は，出生直後に多く，その後数か月にわたって徐々に減少していくが，手を口に持っていく行動は生後2か月ごろにいったん減少し，その後再度増加するというU字型の変化をみせることが示されている[17]．

このU字型変化の原因についてはいまだ明らかになっていないが，後で述べるハンドリガード（hand regard）のような視覚的な身体認識が始まる時期とも重なるため，マルチモーダルな身体認識への傾向性と関係があるかもしれない．これを裏づけるようにRochaとTudellaでは，背臥位，側臥位，腹臥位それぞれにおける手と手，手と口の接触行動の発達的変化を調査しているが，視覚的探索行動の出現により手と手，手と口の接触行動の頻度や持続時間が変化することが報告されている[16]．

■ ジェネラルムーブメントの変化は自己身体の認識過程を反映している

新生児期の内的に引き起こされる自発運動は，胎児期の胎動から連続してみられる[18]．なかでもジェネラルムーブメント（general movements; GMs）と呼ばれる全身運動は，生後2か月を境にwrithing movementからfidgety movementへと変化することが知られている（図1・6）[19-21]．その変化のメカニズムとしてGMsの異常や消失が後の障害を予測することが

第 1 章　自己身体の発見

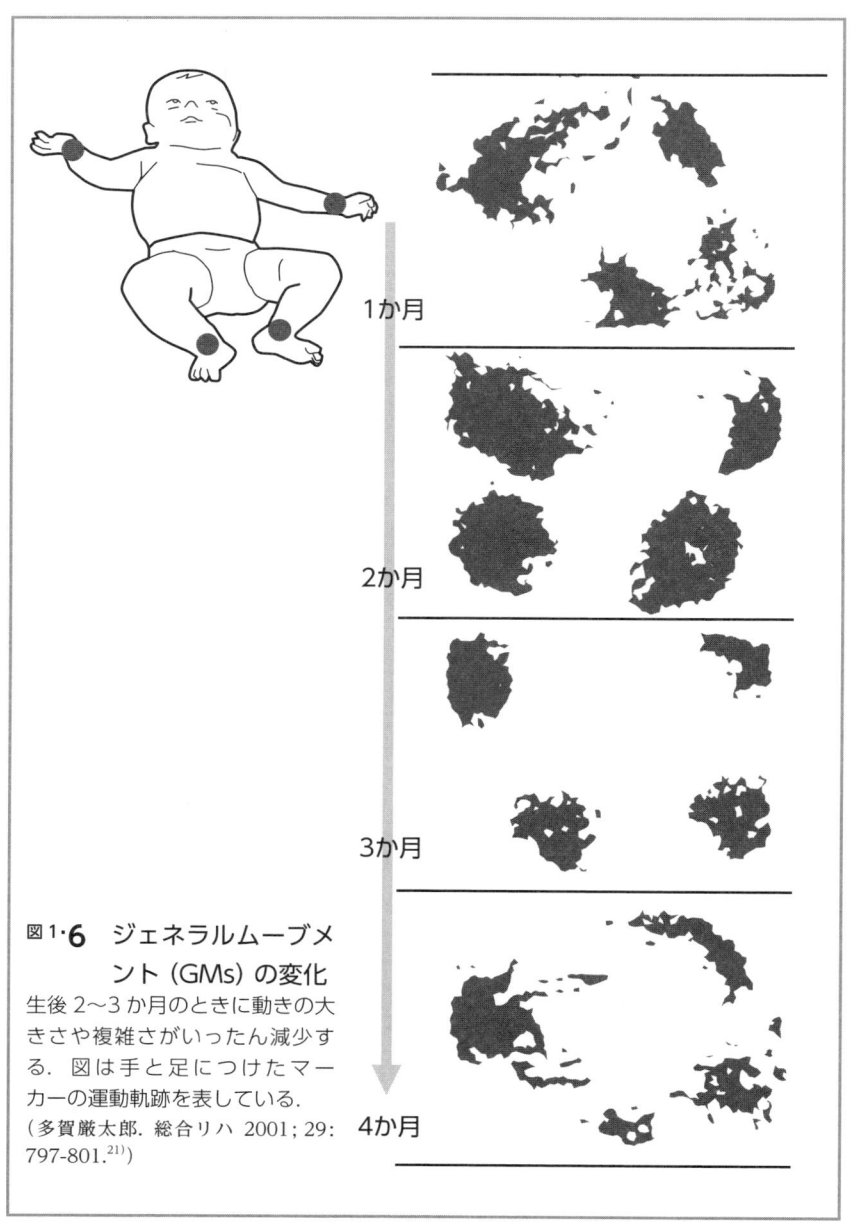

図1・6 ジェネラルムーブメント（GMs）の変化

生後 2〜3 か月のときに動きの大きさや複雑さがいったん減少する．図は手と足につけたマーカーの運動軌跡を表している．
(多賀厳太郎. 総合リハ 2001; 29: 797-801.[21])

2. 自己身体の体性感覚による探索

可能なことから，その中枢である大脳皮質や皮質下の機能との関連が指摘されている[22, 23]．しかし，これを単に脳内の発達的変化の現れとしてとらえるのではなく，重力下での姿勢制御学習や自己身体，外部環境を認識していく学習過程と考えることによって，重度の運動障害をもつ子どもに対するリハビリテーションのための重要な手がかりが得られる可能性がある．

出生から生後2か月ごろまでにみられる writhing movement は，全身をくねらせてもがくような滑らかな全身運動である．この動きのなかには先に述べたダブルタッチ経験が豊富に含まれている．まるで母親の胎内で確立した体性感覚的身体を重力下でもう一度再確認しているかのようにもみえる．

生後2か月以降になるとGMsは，fidgety movement という手足を床から持ち上げたまま，せわしなく手足を動かしてダンスを踊っているような動きに変化する．この時期に手と口の接触頻度は減少し，覚醒し注意が敏活な状態でなおかつ動くという覚醒敏活活動期（alert activity）が出現するようになる[24]．つまり注意を外部に向けながら動いたり，動きながら何かを知覚し感じ取ったり，感じながら動くという芸当ができるようになるのである[25]．fidgety movement の最中は，四肢を活発に動かすことによって生じるバランスの変化を楽しんでいるようにも見える．すなわち四肢の動きに応じた体幹と床面との関係性の学習の現れである可能性が考えられる[26]．

■ 2か月革命

GMsの変化だけでなく，生後2か月という時期はいろいろな変化が現れる時期でもある．たとえば，前述した覚醒敏活活動期の出現，社会的微笑の出現，他者の顔の内部への注意，睡眠-覚醒リズムの確立などである．そしてこれらの変化は，視覚に関連したものがほとんどであることは注目に値する．

Rochatによれば，生後2～3か月までに自己の身体を探索する行動に没頭することによって，自分が行なう行動によって起きる結果を学習し，行動が予測的になっていくことから，意図をもった予測的な自己が確立されると

し，これを"2か月革命"と名づけている[8]．

その後，生後4〜5か月になると外部の対象物に対して興味をもち，それに手を伸ばすリーチングが出現し始める．すなわち体性感覚中心の自己身体の探索から，視覚を用いた外部対象の探索へと変化するのである．これは身体を使って外部の対象に探索行動をする前に，自分の身体を体性感覚的に把握しておく必要があることを示唆している．しかし，実際には体性感覚的身体が形成されているだけでは，視覚的対象物に対して手を伸ばしていくことはできないと思われる．その前に自己の身体を視覚的に認識していく過程が必要となる．

3 自己身体の視覚的発見と認識

■ 体性感覚的身体から視覚的身体へ

子宮内の視覚世界は薄暗く，胎児は視覚を使うことはほぼないと考えられるが，子宮外に生まれ出た後は，視覚を通してさまざまなものに出会っていくことになる．これは序章で述べたように他者と出会うという経験が基本となるが，もちろん自分の身体も視覚的に発見し認識していく．われわれが今自分の腕や脚が曲がっているか，伸びているかを，目で直接見なくても視覚的にイメージできるのは，すでに自分の体性感覚的身体と視覚的に見える身体が統合されているためである[27]．本書では，先述の体性感覚的身体にならい視覚的に自己身体を認識しイメージ化したものを"視覚的身体（表象）"と呼ぶことにする．

これまで身体の内的な表象については，身体図式や身体イメージという用語が用いられることが多く，前者が無意識な状態でも把握されている身体の位置関係であるのに対し，後者はそれを意識的にイメージしたものであるとされることが一般的である．しかし，筆者は身体図式が純粋に体性感覚的なもので，身体イメージが視覚と統合された視覚的な身体表象を含むものであると考えている．なぜなら純粋に体性感覚的な認識というのは意識化されにくいだろうし，逆に自分の身体に意識を向けた途端，視覚的なイメージが必ず絡んでくると思われるからである．したがって身体図式は体性感覚的身体

3. 自己身体の視覚的発見と認識

表象に，身体イメージは視覚的身体表象に相当することになる．

　ここで断っておくが，この体性感覚的身体や視覚的身体は，実際の物理的に存在する身体とは必ずしも同一であるとは限らない．あくまで一人称的な，その当人が認識している身体を指している．よって自己の身体のイメージを誤って認識している場合も当然起こりうる．

　体性感覚的身体と視覚的身体の統合過程の行動としてよくあげられるのは，生後3か月ごろに自分の手をまじまじと眺める行動，いわゆるハンドリガードである．しかし，驚くべきことに van der Meer らは，新生児が自分の手を視覚的に確認しようとする傾向があることを発見した（図1・7）[28]．

　この実験では，新生児は仰向けに寝かされ，両腕の手首から重りを吊るした紐で腕が伸びる程度に引っ張られた．そして自分の手は見えないように隠されたが，ビデオカメラによってリアルタイムに左右どちらかの手が目の前のテレビ画面に映し出された．普通なら新生児は非対称性緊張性頸反射（asymmetrical tonic neck reflex; ATNR）と呼ばれる顔の向きと同側の上肢を伸展し，反対側の上肢を屈曲するという姿勢をとりやすいことが知られているため，自分の手の見え方にかかわらず顔が向いているほうと反対側の上肢を曲げるはずである．しかし結果は，テレビ画面に映っているほうの手をよくあげることがわかった（図1・8）．

　さらに van der Meer らは，新生児を暗い所に寝かせ，ちょうど手を曲げて持ち上げた位置にレーザーの光が通るように配置したところ，新生児は自分の手がレーザーの光に当たって光ることを発見し，それを何度も繰り返して自分の手を見ようとする傾向があることを見いだしている[29]．

　これらのことから，視覚的に見える自分の身体を発見し，その視覚的身体をすでに備わっている体性感覚的身体と統合していく過程が出生後早期から始まっていると考えられる．

第 1 章 自己身体の発見

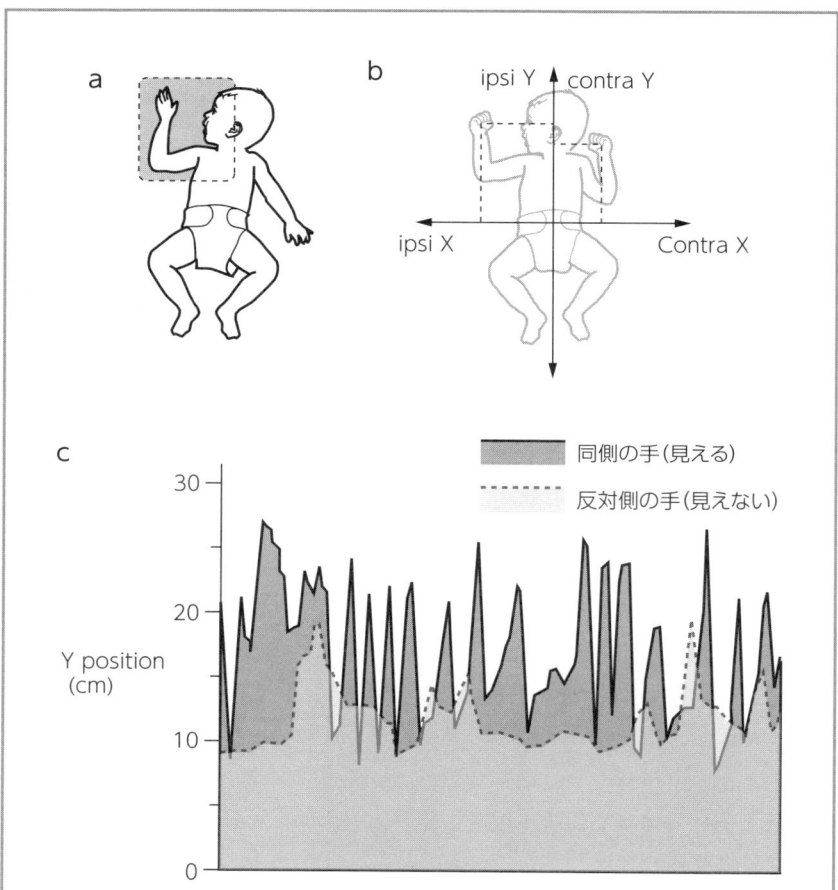

図1・7 新生児の視覚的な自己身体の確認行動（実験1）
a. 新生児は顔が向いているほうの手をよくあげる．
b, c. 左右の手の位置をグラフ化したもの．顔が向いているほうの手が常に高い位置にあることがわかる．
（van der Meer AL. Science 1995; 267: 693-5.[28]）

3. 自己身体の視覚的発見と認識

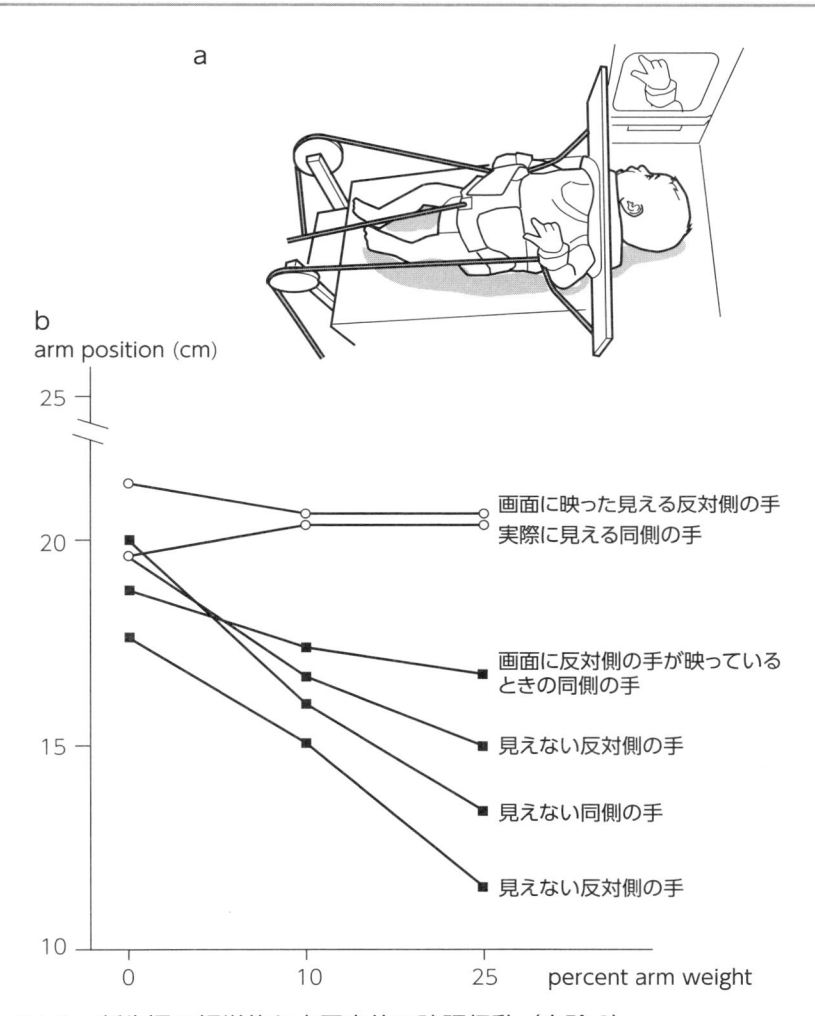

図1・8 新生児の視覚的な自己身体の確認行動（実験2）
a. 実験風景
b. 見えるほうの手を高くあげる傾向があることがわかる．顔と反対側の手でもビデオモニターに映って見える場合には，見えない場合よりも手をあげている．
(van der Meer AL. Science 1995; 267: 693-5.[28])

第1章　自己身体の発見

■ 自己の視覚的身体表象の発達

　それでは自分の上肢や下肢，顔などの視覚的表象，すなわち見た目の記憶はいつごろ獲得されるのだろうか．これまで鏡やビデオ映像を使った研究から生後3か月ごろには，自分の上肢[30]だけでなく，下肢[31-33]や顔[34]をすでに記憶している可能性が示されている．

　Bahrickらの研究[35]では，生後2か月と3か月の乳児の前に2つの画面（ひとつは自分の顔の映像，もうひとつは他児の顔の映像）を提示し，どちらを多く見るかを調べた．この手法は発達科学でよく用いられる方法で選好注視法と呼ばれている．その結果，2か月児は2つの映像どちらかを多く見る傾向はなかったが，3か月児では他児の顔の映像を自分の顔より多く見ることがわかった．

　この結果から3か月児は他児と自分の顔を区別できることが示唆される．
　Bahrickらは，この実験に参加した乳児の母親に，出生してから鏡を見せたことがあるか，などのアンケート調査も同時に実施し，2か月児よりも3か月児で鏡を見せた機会が増加していたことから，この選好は乳児が普段の生活のなかで鏡に接する経験を積んでいくことで，自分の顔の見えを記憶するようになるからだと考察している．

　乳児が自分の身体の見えを記憶するためには，まず見えているものが自分の身体であることを理解する必要があり，この過程が自己身体の体性感覚情報と視覚情報の統合過程にほかならない．

　この視覚的身体と体性感覚的身体の統合は，生後3か月ごろには下肢にまで及んでいることがRochatらの一連の研究によって明らかとなっている（図1・9）．この研究では，ビデオカメラによって映し出された自分の脚の映像（普段自分が見える眺め）と左右を反転させた映像，上下の向きを変えた映像（他者からの眺め），さらには左右の下肢を入れ替えて合成された映像を提示したところ，3か月児はすでに普段見ている自分の脚の映像とそれ以外を区別していることが示された[31-33]．これらの実験では，自分の下肢を動かすと画面上に映った自分の下肢も動くという時間的な随伴性は同じであることから，自分の身体の"見え"というものをすでに記憶し，その予期と

3. 自己身体の視覚的発見と認識

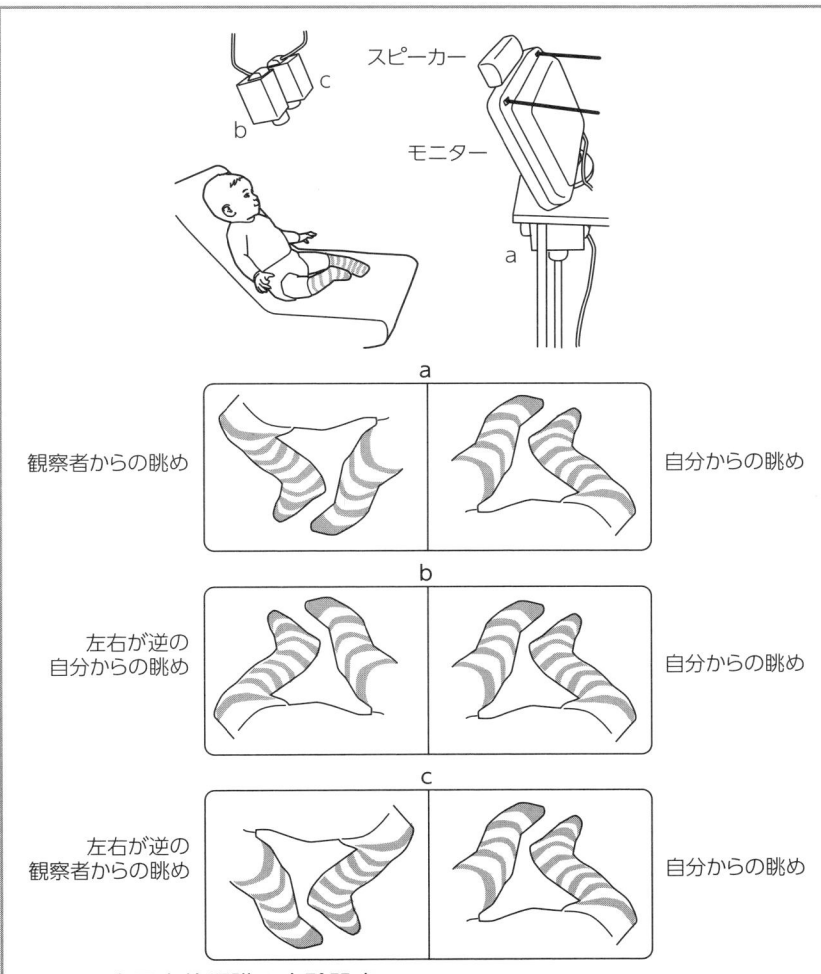

図1・9 自己身体認識の実験設定

乳児の前にあるモニターに自分からの眺めの脚の映像と，その他の3つの映像をそれぞれ横並びにオンラインで提示し，どちらを多く見るかが調べられた．それと同時に脚の動きの変化も記録された．その結果，普段見ている自分からの眺めとは異なる映像のほうをよく見た．また，それを見ているときに確かめるように脚の動きが活発になった．

(Rochat P, et al. Dev Psychol 1995 ; 31 : 626-36.[31])

第 1 章　自己身体の発見

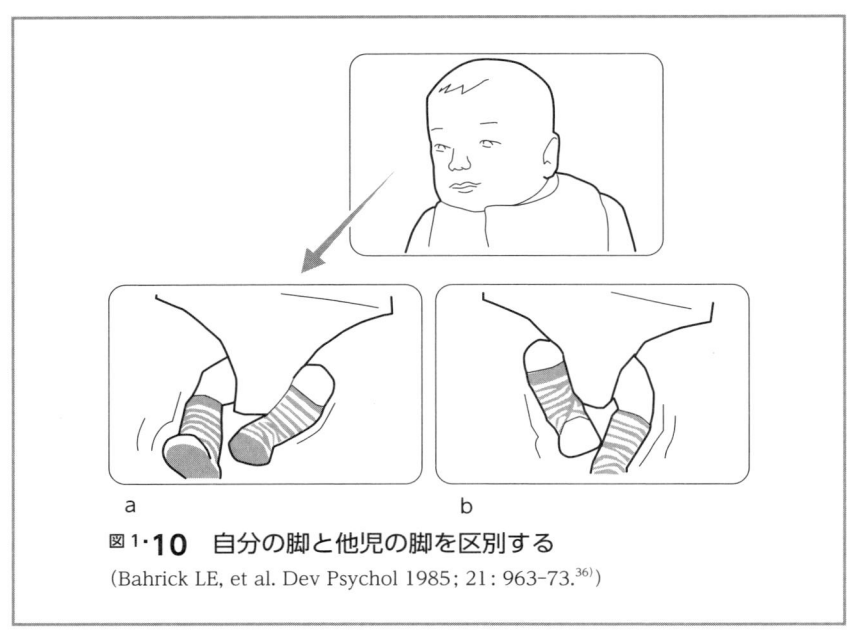

a　　　　　　　　　　b
図1・10　自分の脚と他児の脚を区別する
(Bahrick LE, et al. Dev Psychol 1985 ; 21 : 963-73.[36])

の違いを識別できることを示唆している．

■ 自他を区別するためのメカニズム

　Bahrick らは，生後 5 か月の乳児を対象に，自分の脚と他児の脚の映像を同時に左右並べて見せて，自分の身体の動きを認識できるかどうかを調べている（図1・10）．その結果，自分の脚ではないほうを多く見ることを発見した[36]．これは自分の運動意志と，実際に目で見える動きの同期性に気づいているからだと思われる．

　これまでの成人を対象とした研究からも，他者の身体と自分の身体を区別し，自分の身体であると認識できるようになるためには自分の運動とそれによって生じる感覚との空間的・時間的な一致性が必要であるといわれている．たとえばその好例としてラバーハンド錯覚がある[37-39]．

　ラバーハンド錯覚とは，自分の手を見えないようにして代わりにゴムでで

24

3. 自己身体の視覚的発見と認識

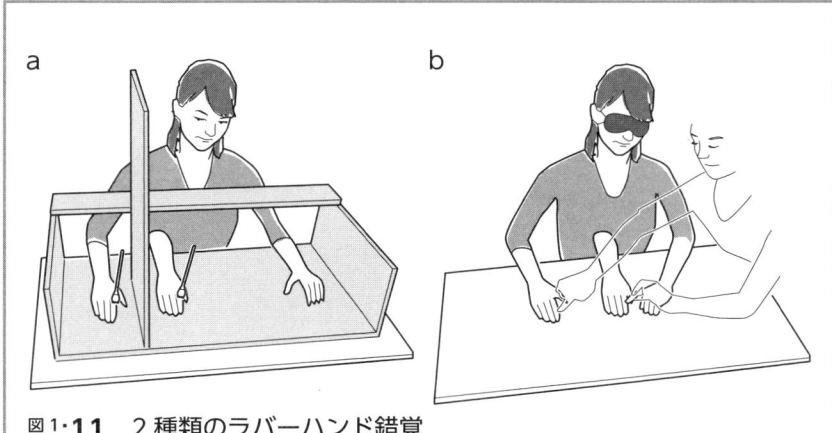

図1・11　2種類のラバーハンド錯覚
a. "触覚位置の錯覚"と"身体保持感の錯覚"の両方が生じる.
 (Kammers MP, et al. Neuropsychologia 2009; 47: 204-11.[38])
b. "触覚位置の錯覚"のみが生じる.
 (Ehrsson HH, et al. J Neurosci 2005; 25; 10564-573.[39])

きた偽物の手を机の上に置き，その状態でほかの人にラバーハンドと自分の手を同時にブラシなどでなでてもらうと，徐々にラバーハンドが自分の手のように感じてくる錯覚である（**図1・11**）．この錯覚が生じるためにはある程度の空間的な位置の整合性と時間的に一致した刺激のタイミングの同期が必要である[40]．すなわちラバーハンドと自分の手に触れるタイミングがずれてしまうとこの錯覚は生じない．この錯覚では，実は2つの錯覚が生じており，ひとつは触れられている感覚をラバーハンドの位置に感じる"触覚位置の錯覚"と，もうひとつはラバーハンドが自分の手であると感じる"身体保持感の錯覚"である．**図1・11a**では，この2つの錯覚が生じるが，**図1・11b**のように目隠しをして，自分の手でラバーハンドに触れる場合には，"触覚位置の錯覚"のみが起こる．

　ほかにも最近では，自己身体の位置錯覚（out-of-body experience）と呼ばれる幽体離脱体験に似た錯覚現象が報告されている[41, 42]．この錯覚は

図1・12 自己身体の位置錯覚（out-of-body experience）
白い身体が自分がいる場所で，グレーの身体が錯覚が起きる場所．
a. 自分の身体が前方にあるように感じられる．
b. 自分の身体が後方にあるように感じられる．
(Lenggenhager B, et al. Conscious Cogn 2009; 18: 110-7.[42])

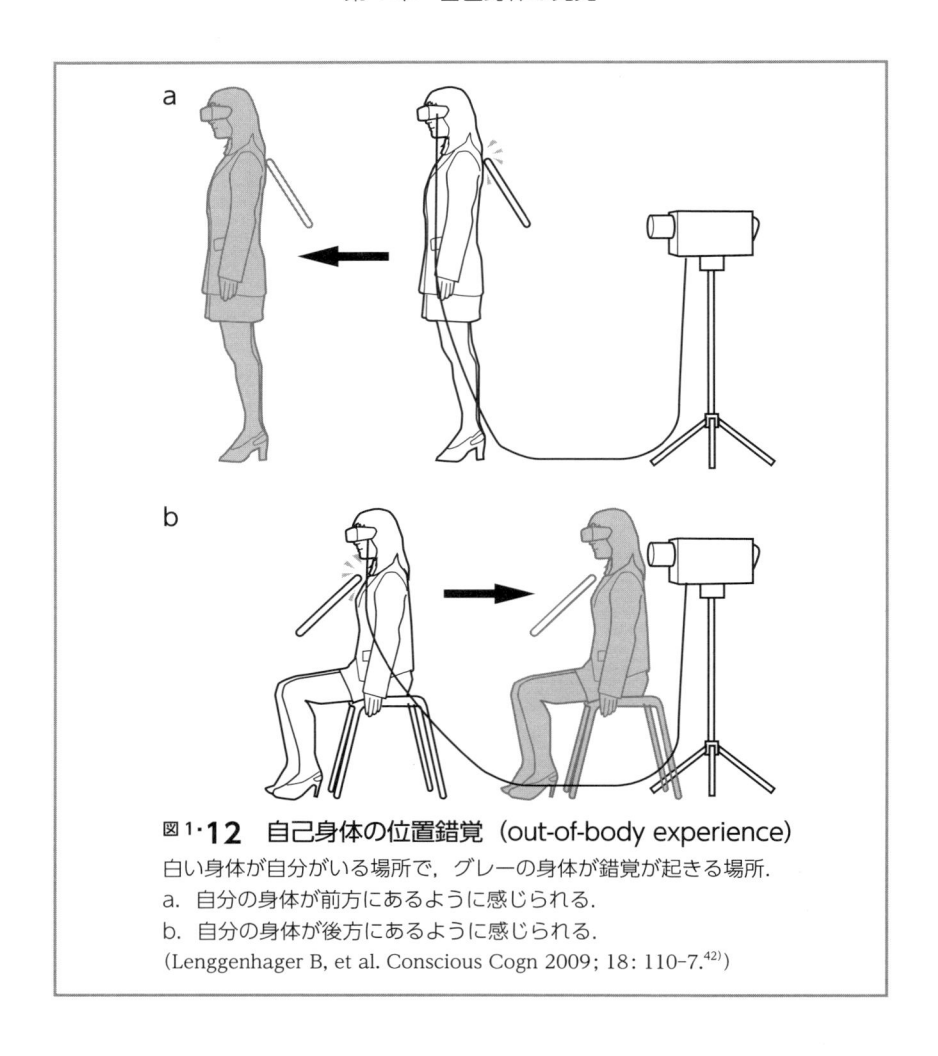

　自分の背中や胸が棒で突かれているところをビデオで撮影し，それを3D映像として自分の目前に提示していると，自分の身体が自分の今ある位置ではなく，前方や後方に位置しているかのように感じられる錯覚である（**図1・12**）[42]．この錯覚では刺激の時間的な一致性は必要だが，空間的にはまったく異なる位置に移動してしまっている．このことから"これは自分の身体

だ"という自己身体保持感の認識過程には時間的な一致性が重要であることがわかる[43]．

これと同じように乳児の自己身体の識別においても時間的な一致性に着目した多くの研究がある．前述したように生後3か月までに自分の身体の見えを記憶するようになるが，記憶される前段階では，まずこの見えているものが自分の身体であるという識別が必要となる．これは自己身体の運動によって生じる体性感覚と，目の前で動いている視覚的なフィードバックとの時間的な一致性によって可能となる．

これまで紹介した出生後早期に自分の身体を見ようとする行動は，自分の運動感覚と視覚変化という情報の同時性によって見えている視覚的身体を自分の身体として認識していこうとする傾向性の現れであると考えられる．

■ 外界に変化を起こすものとしての自己探索

乳児は生後3か月までに視覚的な自己身体を形成した後，生後3~4か月ごろに外部の対象物に対して手を伸ばし始める．この視覚的な対象物に誘発されるかたちで出現する手伸ばし行動を視覚的リーチング（visual reaching）と呼ぶ．

視覚的リーチングが起こるためには興味のある対象物を目で知覚し，それに自分の手の位置を合わせていく過程が必要となる．このとき基礎になるのが体性感覚的身体と統合された視覚的身体表象である．つまり視覚的な自分の上肢の方向性や，手の位置を体性感覚と統合したかたちで理解していなければ外部の目標に対して自分の手の位置を合わせていくことはできないであろう．リーチング獲得の前に，ハンドリガードに代表されるような自己身体の視覚的確認行動がみられるのは偶然ではないのである．

外部の対象物にリーチし探索していくことで，また新しい自分というものを発見することができる．つまり自分がコントロールしているという運動主体感[44]や，自分が外界に変化を起こすことができるという自己効力感である[45]．

4 自己身体認知によって支えられる探索行動の発達

■ プレリーチング行動の出現

目の前の対象物に対して手を伸ばす機能的なリーチングは，生後4〜5か月ごろに可能となるが，実は新生児でも目の前に提示された対象物に対して手を伸ばすような動きをすることが発見されており，プレリーチング（pre-reaching）行動と呼ばれている[46, 47]．これは機能的なリーチングの前段階にあるリーチングの原型のようなものであり，原始的なものと考えられている．しかし，Bowerはプレリーチング行動を視覚と体性感覚の統合の現れであると解釈し[46]，von Hofstenは定位行動のひとつであると考えている[47]．つまり視覚と体性感覚は初めから未熟ではあるが統合されており，それが反射行動のように半ば自動的に出現するものと考えられる．その証拠にプレリーチング行動は，弾道的であり，いったんリーチングが発動されると修正できないという特徴があり，上肢の伸展-屈曲シナジーによって支配されているとされる．そしてプレリーチングは機能的リーチングが始まる数週間前には減少し[48, 49]，手が正中に位置することが多くなることが指摘されている[50]．

プレリーチングから機能的リーチングへと発達するメカニズムとして，手を伸ばすリーチ行動と手でつかむ把握行動を制御する中枢機構の発達的順序性や統合の問題があげられる．これは手を方向づける肩を中心とした機能と手指の動きをコントロールする機能が中枢神経の異なった部位，すなわち前者を脳幹レベル，後者を皮質レベルが担っており，その2つの部位の発達に時間差があるためとされる[51]．そしてこれら2つのシステムが統合されることによって機能的リーチングが可能になるとされている[52]．

そのような中枢神経のメカニズムとは別に，対象物への視覚的定位によって半ば自動的に誘発されるプレリーチング行動から，そのリーチの運動軌道を視覚的にコントロールする機能的リーチングへと発達する背景には，自分の手への視覚的注意と，その空間的制御が重要となることはいうまでもない．それによって自己身体の体性感覚情報と視覚情報の統合がなされる．そ

4. 自己身体認知によって支えられる探索行動の発達

れはつまり身体イメージの形成である.

■ 姿勢制御能力と探索行動

臨床において,リーチングがまだ十分にできない子どもに対して体幹の固定性を高めることでリーチング行動が出現するようになったり,手の動きが向上したりすることが経験される.これはリーチングがまだ安定して獲得されていない幼い乳児は,姿勢の影響を受けやすいことを示している[53].逆にリーチングをすでに獲得した5～6か月乳児は姿勢の影響を受けにくく,どのような姿勢でも安定したリーチングが可能であることも明らかとなっている[54-56].

Rochatらは,ひとりで座れる乳児と座れない乳児(5～6か月乳児)を対象に,リーチング行動のときの手と頭の動きを調べた[57].**図1・13**からわかるようにひとりで座れる乳児は,手と頭が対象物に対して約1秒という短時間で急速に近づくのに対し,ひとりで座れない乳児は約2秒かけてゆっくりと手が目標に近づいているのがわかる.また,頭はほとんど前方に動いていない.つまりひとりで座れない乳児は姿勢を崩さないようにリーチしていると考えられる.

さらにひとりで座れない乳児を対象に,骨盤周りを固定する力を変えてリーチ時の頭部すなわち体幹の動きを調べたところ,骨盤をサポートする力を大きくすることで頭部の動きが出現するようになった(**図1・14**).また,頭部と手が同時に動く頻度もひとりで座れる乳児と同程度にまで増加した.しかし,時間的な短縮は認められなかった.このことから健常な乳児は今自分が置かれた状況を把握し,その身体状況に応じてリーチング行動を変化させる能力を持ち合わせていることがわかる.

■ 行為の可能性の知覚

ほかにも身体の状況を変化させる環境設定として,乳児の上肢に重りをつけたときのリーチング行動の変化を調べた研究がある.

Outらは生後3～5か月の乳児の前腕に60g(上肢の重量の約20%)の

第1章 自己身体の発見

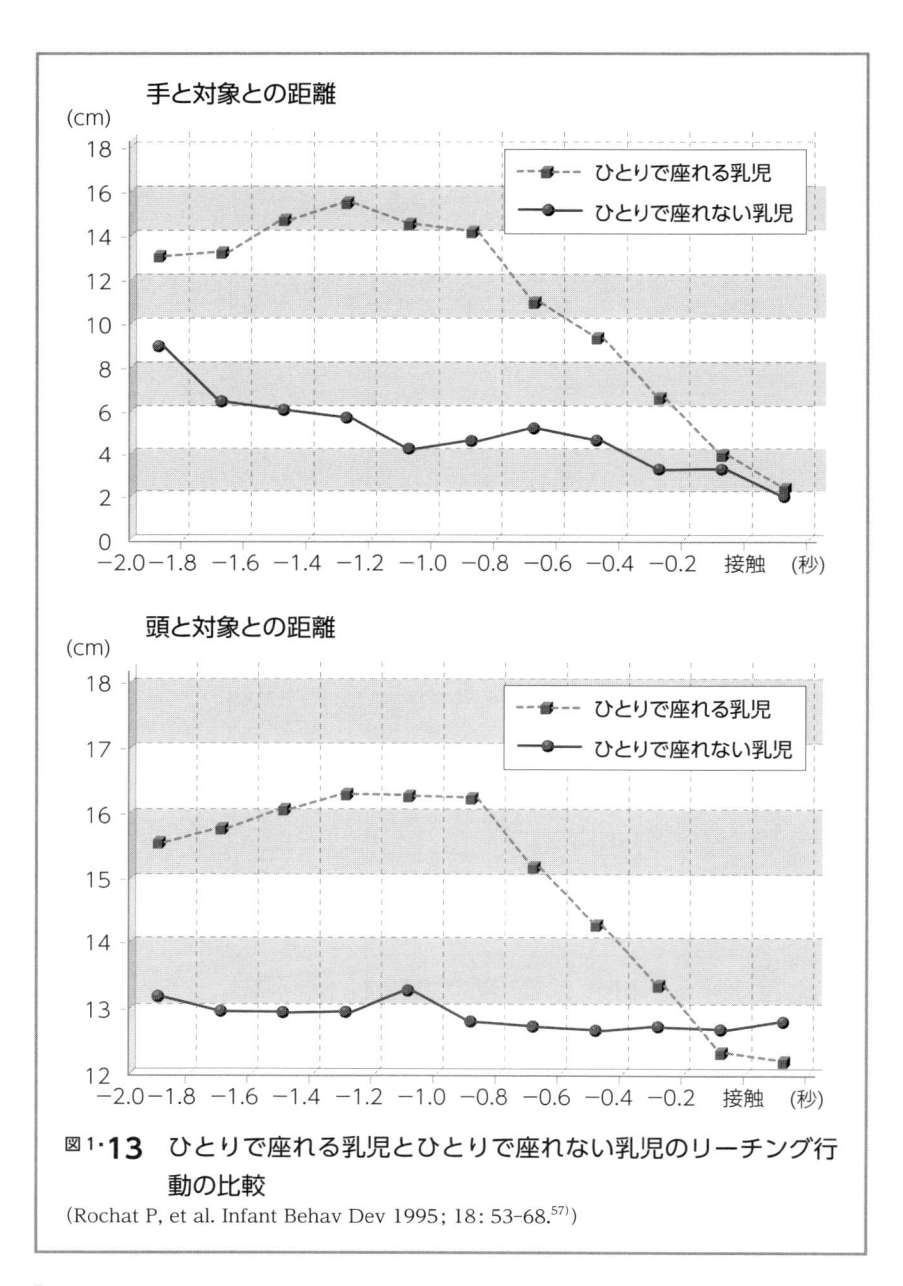

手と対象との距離

頭と対象との距離

図1・13 ひとりで座れる乳児とひとりで座れない乳児のリーチング行動の比較

(Rochat P, et al. Infant Behav Dev 1995; 18: 53-68.[57])

4. 自己身体認知によって支えられる探索行動の発達

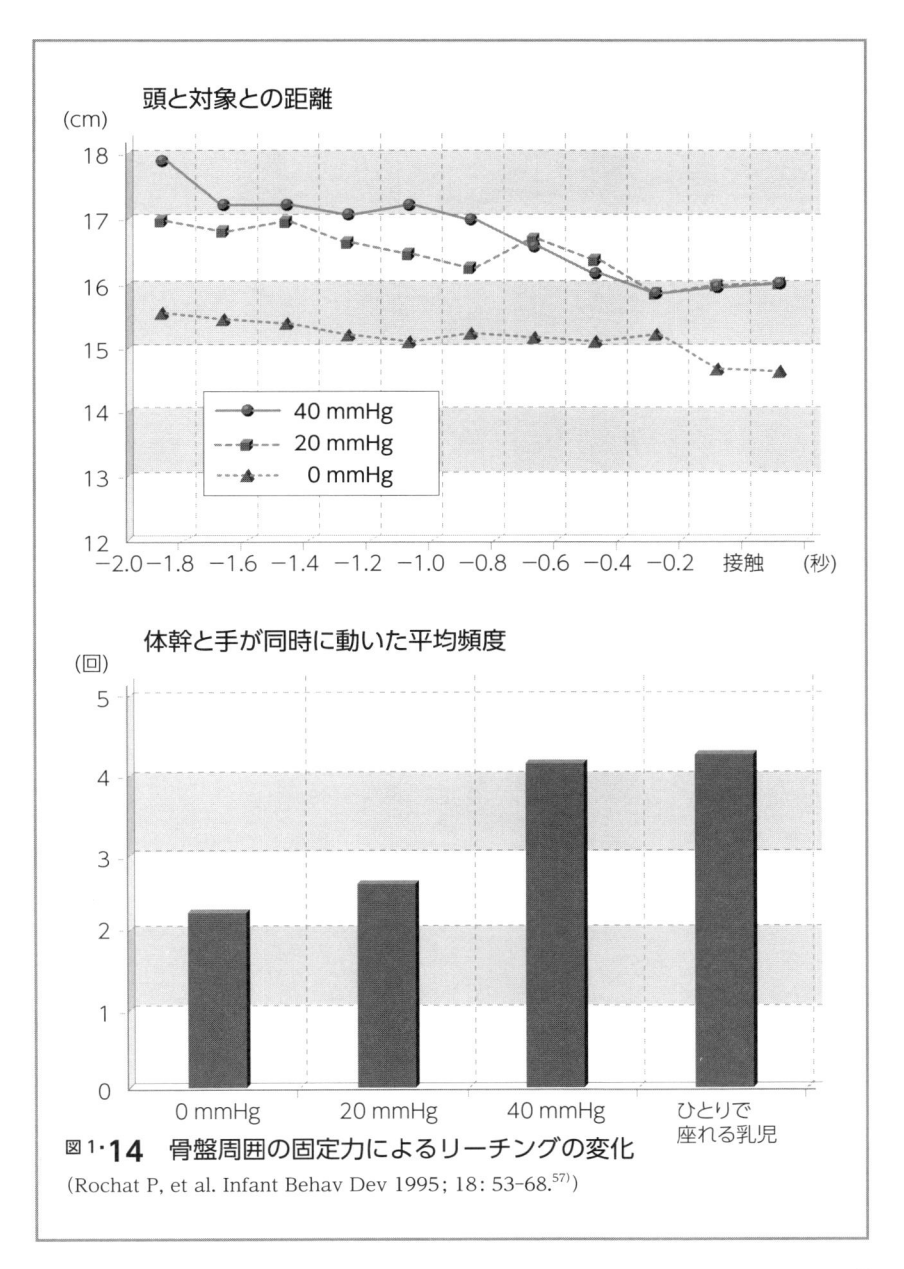

図1・14 骨盤周囲の固定力によるリーチングの変化
(Rochat P, et al. Infant Behav Dev 1995; 18: 53-68.[57])

第1章 自己身体の発見

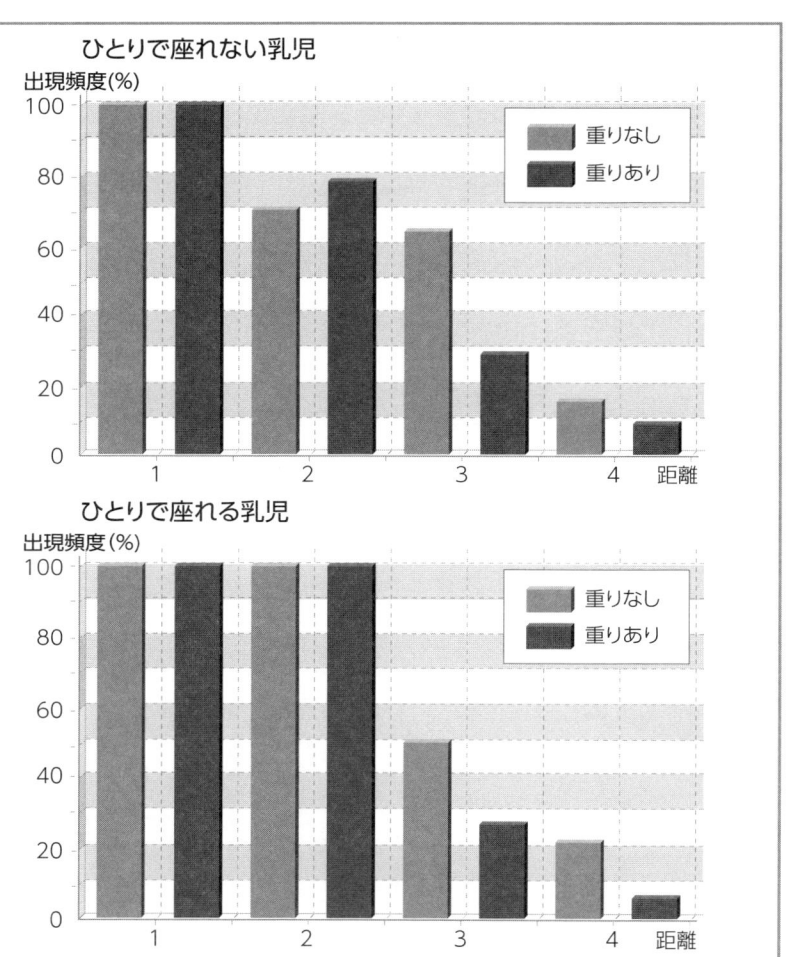

図1・15 腕に重りをつけたときのリーチングの変化
距離の違いによるリーチング行動の出現頻度の比較．上がひとりで座れない乳児，下がひとりで座れる乳児．黒いバーが腕に重りを負荷した場合で，灰色のバーが負荷していない場合．（距離1：座ったときの爪先の距離，距離2：爪先までの距離＋12 cm，距離3：爪先までの距離＋24 cm，距離4：爪先までの距離＋36 cm）
ひとりで座れる乳児のほうが，座れない乳児に比べて遠くまでリーチしていることがわかる．どちらの乳児も重りを負荷されるとリーチング頻度を減少させる．
(Rochat P, et al. Inf Child Dev 1999; 8: 129-48.[60])

4. 自己身体認知によって支えられる探索行動の発達

重りをつけたときのリーチング動作を調べたところ，通常の背臥位や座位でのリーチングと比較してリーチング回数は減少し，腕の平均速度が増加したことを報告している[58]．また，Rochaらも生後4～6か月児の手首に上肢の重量の約10％の重りを負荷したところ，リーチングの回数や手の開き，把握回数に変化はみられなかったが，重りをつけていないときと比較して両手を同時に伸ばす行動が増加した[59]．

さらにRochatらは，5，6か月児の手首に重りのついた200gの腕輪と，重りのついていない5gの軽い腕輪のどちらかをつけて，さまざまな距離に提示された対象物にリーチする頻度を調べたところ，軽い腕輪のときのほうが遠くの対象物にリーチしようとする頻度が多いことがわかった（図1・15）[60]．

これらの結果から，自分の身体条件を一時的に変えられても，その身体状況での行為の可能性を知覚し，それに基づいてリーチング行動の発現を変化させていることが示唆される．一方，生後6か月以降の乳児の手首に重りを負荷させても，リーチング行動に影響を与えにくいことも明らかとなっており[61]，リーチングが定着した月齢以降では，それらの変化に対して影響を受けにくいことが考えられる．

■ 視覚と探索行動の関係

生後4，5か月に視覚的に提示された対象物にリーチするようになった乳児は，生後6，7か月までに目で見た対象物の情報をもとに手の向きや方向を調節するようになることがわかっている．たとえば，6か月児は対象物の大きさによって片手を伸ばすか両手を同時に伸ばすかを使い分けるようになる[62]．また，対象物の向きに合わせてリーチしたり[63]，動いている物体に対してその到達場所を予測してリーチすることも明らかとなっている[64,65]．

しかし，乳児がみせるさまざまな探索行動の発達に視覚と体性感覚がどのようにかかわっていくのかを調べた研究は少ない．

Rochatは，生後2か月からみせる手や口での探索行動が，その後どのように視覚と関連しながら発達していくのかを明らかにしている[66]．この研

図1·16

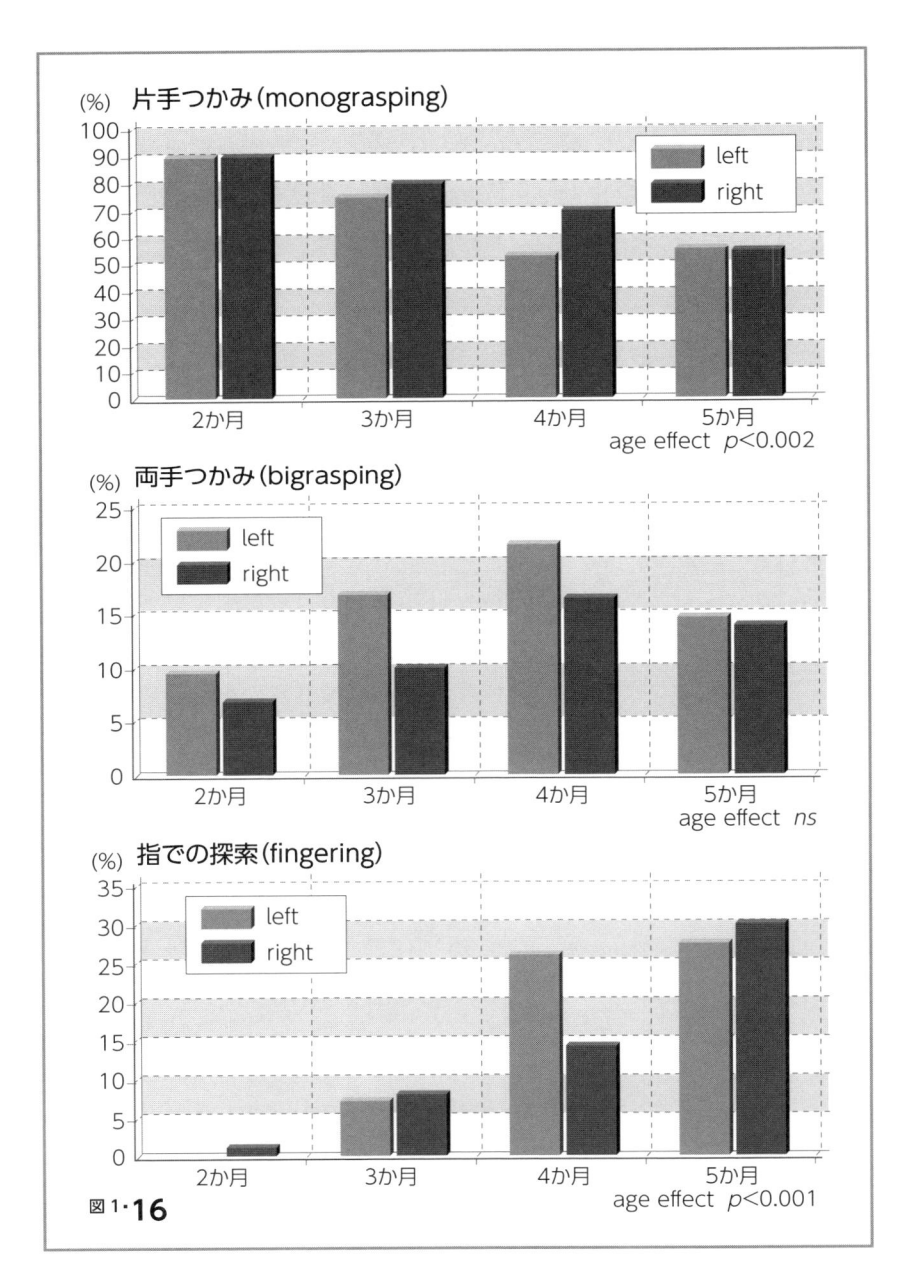

4. 自己身体認知によって支えられる探索行動の発達

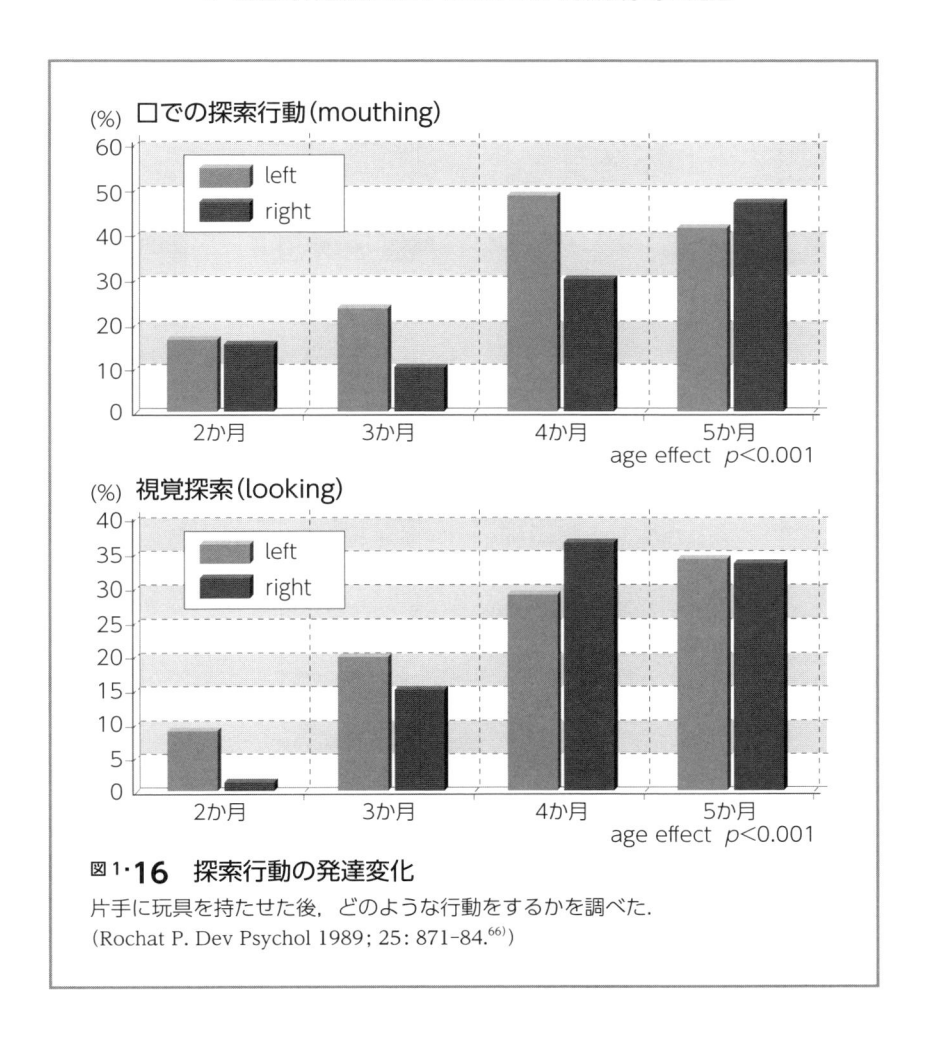

図1・16　探索行動の発達変化
片手に玩具を持たせた後，どのような行動をするかを調べた．
(Rochat P. Dev Psychol 1989; 25: 871-84.[66])

究では，生後 2，3，4，5 か月の乳児を対象に，片側の手に対象物を持たせたときの行動を観察し，片手つかみ（monograsping），両手つかみ（bigrasping），指での探索（fingering），口での探索（mouthing），視覚探索（looking）の 5 つの行動を抽出し，その発達過程を調べた．その結果，片手でつかんだままでいることは月齢とともに減少し，fingering や mouth-

第1章 自己身体の発見

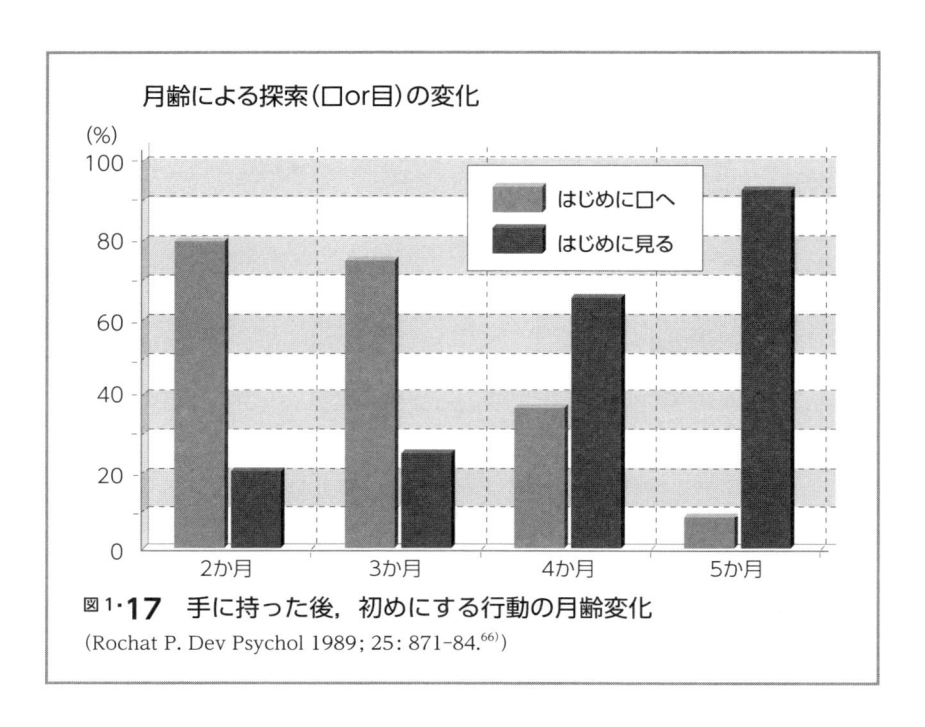

月齢による探索(口or目)の変化

図1・17 手に持った後,初めにする行動の月齢変化
(Rochat P. Dev Psychol 1989; 25: 871-84.[66])

ing, さらに手で持ったものを見る looking 行動が月齢とともに増加する傾向にあった（図1・16）. そしてこれらの行動のなかで, 同時に生起する行動を抽出したところ "mouthing＋bigrasping" と "fingering＋looking" であった. そして "fingering＋looking" のみが, 月齢とともに増加していた. これは発達するにつれて探索に使われる身体の接触部位の多様化と, 感覚モダリティの多様化の両方が同時進行すると解釈できる.

手に持った後, まず初めにする行動を調べた結果では, 口に持っていく行動が月齢とともに減少する代わりに, 見る行動が増加していくことも明らかとなった（図1・17）. これは生後4か月ごろに触覚優位な探索から視覚優位の探索へと変化していくことを示していると考えられる.

fingering と looking の同時生起は, 手指での探索行動と視覚との関連が示唆されるが, これをさらに確かめるために明所と暗所の2条件で前述し

た 5 つの探索行動がどのように変化するかを調べたところ，予想したとおり fingering と looking の 2 つの行動が明所よりも暗所で減少することが確認された．このことから視覚が手指探索行動のトリガーとなっている可能性が考えられる．

■ 文　献

1. JG ブレムナー（J Gavin Bremner）・渡部雅之 訳. 乳児の発達. ミネルヴァ書房；1999. p. 27-35.
2. 呉東 進. 赤ちゃんは何を聞いているの？：音楽と聴覚からみた乳幼児の発達. 北大路書房；2009. p. 20-29.
3. Decasper AJ, Fifer WP. Of human bonding: newborns prefer their mothers' voices. Science 1980；208：1174-6.
4. Morokuma S, et al. Fetal habituation correlates with functional brain development. Beha Brain Res 2004；153：459-63.
5. Dirix CEH, et al. Aspects of fetal learning and memory. Child Dev 2009；80：1251-8.
6. Lejeune F, et al. The manual habituation and discrimination of shapes in preterm human infants from 33 to 34+6 post-conceptional age. PLoS One 2010；5：e9108.
7. Rochat P, Hespos SJ. Defferential rooting response by neonates: Evidence for an early sense of self. Early Developmental and Parenting 1997；6：105-12.
8. Rochat P. The Infant's World. Cambridge: Harvard University Press；2001. 板倉昭二, 開 一夫 監訳. 乳児の世界. ミネルヴァ書房；2004. p. 29-84.
9. Myowa-Yamakoshi M, Takeshita H. Do human fetuses anticipate self-oriented actions？ A study by four-dimensional(4D) ultrasonography. Infancy 2006；10：289-301.
10. 明和政子. 身体マッピング能力の起源を探る. ベビーサイエンス 2008；8：2-13.
11. Rochat P, Morgan R. The function and determinants of early self-exploration. In: Rochat P, editor. The self in infancy: Theory and Research. Amsterdam: Elsevier；1995. p. 395-418.
12. Sakata H, et al. Somatosensory properties of neurons in the superior parietal cortex（area 5）of the rhesus monkey. Brain Res 1973；64：85-102.
13. 酒田英夫. 身体図式と空間の知覚. 頭頂葉. 医学書院；2006. p. 104-34.
14. 小西行郎. 胎児・新生児の発達. 大城昌平, 木原秀樹 編. 新生児理学療法. メディカルプレス；2008. p. 14-25.

15. Rochat P, et al. Oropharyngeal control of hand-mouth coordination in newborn infants. Dev Psychol 1988; 24: 459-63.
16. Rocha NACF, Tudella E. The influence of lying positions and postural control on hand-mouth and hand-hand behaviors in 0-4-month-old infants. Infant Behav Dev 2008; 31: 107-14.
17. Takaya R, et al. Preterm to early postterm changes in the development of hand-mouth contact and other motor patterns. Early Hum Dev 2003; 75: S193-S202.
18. Prechtl HFR. Qualitative changes of spontaneous movements in fetus and preterm infants are a marker of neurological dysfunction. Early Hum Dev 1990; 23: 151-9.
19. Einspieler C, Prechtl HF. Prechtl's assessment of general movements: a diagnostic tool for the functional assessment of the young nervous system. Ment Retard Dev Disabil Res Rev 2005; 11: 61-7.
20. Prechtl HF, et al. An early marker for neurological deficits after perinatal brain lesions. Lancet 1997; 349: 1361-3.
21. 多賀厳太郎. 自発運動の初期発達. 総合リハ 2001; 29: 797-801.
22. Stahlmann N, et al. Predictive value of neurodevelopmental assessment versus evaluation of general movements for motor outcome in preterm infants with birth weights<1500g. Neuropediatrics 2007; 38: 91-9.
23. Hadders-Algra M. Putative neural substrate of normal and abnormal general movements. Neurosci Biobehav Rev 2007; 31: 1181-90.
24. Wolff PH. The development of behavioral states and the expression of emotions in early infancy: New proposals for investigation. Chicago: University of Chicago Press; 1987.
25. Lavelli M, Fogel A. Developmental changes in the relationship between the infant's attention and emotion during early face-to-face communication: the 2-month transition. Dev Psychol 2005; 41: 265-80.
26. 浅野大喜. 新生児期からの認知発達的アプローチ. 認知運動療法研究 2004; 4: 134-45.
27. 森岡 周. 身体図式は空間認知によって生成される. リハビリテーションのための脳・神経科学入門. 協同医書出版社; 2005. p. 73-89.
28. van der Meer AL, et al. The functional significance of arm movements in neonates. Science 1995; 267: 693-5.
29. van der Meer AL. Keeping the arm in the limelight: advanced visual control of arm movements in neonates. Eu J Paediatr Neurol 1997; 1: 103-8.

文　献

30. Schmuckler MA. Visual-proprioceptive intermodal perception in infancy. Infant Behav Dev 1996; 19: 221-32.
31. Rochat P, Morgan R. Spatial determinants in the perception of self-produced leg movements in three-to five-month-old infants. Dev Psychol 1995; 31: 626-36.
32. Rochat P. Self-perception and action in infancy. Exp Brain Res 1998; 123: 102-9.
33. Morgan R, Rochat P. Intermodal calibration of the body in early infancy. Ecological Psychology 1997; 9: 1-23.
34. Field T. Differential behavioral and cardiac responses of 3-month-old infants to a mirror and peer. Infant Behav Dev 1979; 2: 179-84.
35. Bahrick LE, et al. Development of visual self-recognition in infancy. Ecological Psychology 1996; 8: 189-208.
36. Bahrick LE, Watson JS. Detection of intermodal proprioceptive-visual contingency as a potential basis of self-perception in infancy. Dev Psychol 1985; 21: 963-73.
37. Botvinick M, Cohen J. Rubber hands 'feel' touch that eyes see. Nature 1998; 391: 756.
38. Kammers MP, et al. The rubber hand illusion in action. Neuropsychologia 2009; 47: 204-11.
39. Ehrsson HH, et al. Touching a rubber hand: feeling of body ownership is associated with activity in multisensory brain areas. J Neurosci 2005; 25: 10564-573.
40. Ehrsson HH, et al. That's my hand! Activity in premotor cortex reflects feeling of ownership of a limb. Science 2004; 305: 875-7.
41. Blanke O, et al. Out-of-body experience and autoscopy of neurological origin. Brain 2004; 127: 243-58.
42. Lenggenhager B, et al. Spatial aspects of bodily self-consciousness. Conscious Cogn 2009; 18: 110-7.
43. Ehrsson HH. The experimental induction of out-of-body experiences. Science 2007; 317: 1048.
44. Gallagher S. Philosophical conceptions of the self: implications for cognitive science. Trends Cogn Sci 2000; 4: 14-21.
45. 浅野大喜. 乳幼児・発達障害児の内的世界：内部観察的視点をもったリハビリテーションへ. 認知運動療法研究 2006; 6: 50-63.
46. Bower TGR, et al. Demonstration of intention in the reaching behaviour of

neonate humans. Nature 1970; 228: 679-81.
47. von Hofsten C. Eye-hand coordination in the newborn. Dev Psychol 1982; 18: 450-61.
48. Piek JP, Carman R. Developmental profiles of spontaneous movements in infants. Early Hum Dev 1994; 39: 109-26.
49. Thelen E, et al. The transition to reaching: mapping intention and intrinsic dynamics. Child Dev 1993; 64: 1058-98.
50. Galloway JC, Thelen E. Feet first: Object exploration in human infants. Infant Behav Dev 2003; 27: 107-12.
51. von Hofsten C. Developmental changes in the organization of pre-reaching movements. Dev Psychol 1984; 20: 378-88.
52. von Hofsten C, Rönnqvist L. Preparation for grasping an object: a developmental study. J Exp Hum Perform 1988; 14: 610-21.
53. Carvalho RP, et al. Early control of reaching: effects of experience and body orientation. Infant Behav Dev 2008; 31: 23-33.
54. Carvalho RP, et al. Spatio-temporal parameters in infant's reaching movements are influenced by body orientation. Infant Behav Dev 2007; 30: 26-35.
55. Out L, et al. The effect of posture on early reaching movement. J Mot Behav 1998; 30: 260-72.
56. Savelsbergh GJP, Van der Kamp J. The coordination of infant's reaching, grasping, catching and posture: A natural physical approach. In: Savelsbergh GJP, editor. The development of coordination in infancy. Amsterdam: Elsevier Science Publishers; 1993. p. 289-317.
57. Rochat P, Goubet N. Development of sitting and reaching in 5-6-month-old infants. Infant Behav Dev 1995; 18: 53-68.
58. Out L, et al. Influence of mechanical factors on movement units in infant reaching. Human Movement Science 1997; 16: 733-48.
59. Rocha NACF, et al. The effect of additional weight load on infant reaching. Infant Behav Dev 2009; 32: 234-7.
60. Rochat P, et al. To reach or not to reach? Perception of body effectivities by young infants. Inf Child Dev 1999; 8: 129-48.
61. van der Fits IB, et al. Postural adjustments during spontaneous and goal-directed arm movement in the first half year of life. Behav Brain Res 1999; 106: 75-90.
62. Clifton RK, et al. Object representation guides infants' reaching in the dark. J

文　献

　　　Exp Psychol Hum Percep Perform 1991; 17: 323-9.
63. Witherington DC. The development of prospective grasping control between 5 and 7 months: a longitudinal study. Infancy 2005; 7: 143-61.
64. von Hofsten C. Predictive reaching for moving objects by human infants. J Exp Child Psychol 1980; 30: 369-82.
65. von Hofsten C, et al. Predictive action in infancy: tracking and reaching for moving objects. Cognition 1998; 67: 255-85.
66. Rochat P. Object manipulation and exploration in 2-to 5-month old infants. Dev Psychol 1989; 25: 871-84.

第2章 他者身体の認識

　序章で述べたように，新生児は出生直後から他者と出会い，他者を巻き込むかたちで相互のやりとり経験が成立していく．乳児の行動は，その存在だけで周りの大人に養育行動を促し，大人はそれに対して声かけや接触などさまざまな働きかけをすることになる[1-3]．乳児は，その大人からの働きかけに選択的に注意を向けていくことでやりとりが成立し，発達のために必要な経験につながっていく．

　この章では初期のやりとりが成立していく過程から，他者行動に注意を向け，それを認識し理解していく過程についてみていく．

1　他者とのやりとり経験の重要性

　これまで母親と乳児の関係性の質が，後の乳児の社会的，情動的，認知的発達にとって重要な役割を果たすことが指摘されてきた．特に最適な乳児と養育者の社会的相互作用は，乳児の社会的予期や間主観性の発達を促進するといわれている[4,5]．そして最適な社会的相互作用とは，最適なレベルの情動，注意を維持することができるような乳児と養育者の対面での連続的な turn taking 構造（役割交替を伴ったやりとり）をもったやりとりによって特徴づけられる．

　Stern は，そのような情動を伴った相互作用を養育者のミラーリング（mirroring）や共感的反応性のなかにみて，それを間情動性（interaffectivity）として定義している．そして情動を共有するために養育者は乳児の行動をしばしば模倣する[6-8]．一方，乳児は自分の行動に随伴的に反応してくれる人や，mirroring によって自分の行動を視覚的に映し返してくれる存在に興味を引か

れることになる.

2 他者とのやりとりの始まり

■ 随伴性の検出

　他者とのやりとりが成立するためには,他者(多くは養育者)が自分の行動に対して敏感に反応してくれているという随伴性に気づく必要がある.随伴性とは"ある出来事とほかの出来事のあいだにある時間的・空間的な近接性"のことを指す[9].

　これまで乳児がどのように社会的な世界に参入していくのかについて,いくつかの理論的モデルが示されており,そのなかのひとつにGergelyとWatsonによって提唱された随伴性検出理論(contingency detection theory)というものがある(表2・1)[10,11].随伴性検出理論では,乳児は生まれつき随伴性検出モジュール(contingency detection module;CDM)をもつと仮定し,生まれたばかりの乳児は完全に随伴的な反応を好み,注意を向ける傾向にあるとした.それはすなわち自分自身の運動とその結果起こる出来事や変化である.出生直後のCDMの主な目的は,物的な世界とは区別された身体化された自己の原初的表象を形成することである[12,13].す

表2・1 随伴性検出理論
(contingency detection theory)

月齢	随伴性の程度
新生児〜生後3か月	完全な随伴性への選好 (自己と物との関係性に相当)
生後3か月以降	完全ではないが高い随伴性をもつものへの選好 (自己と他者との関係性に相当)

随伴性検出理論では,生まれつき随伴性検出モジュール(contingency detection module)をもっていると想定している.
(Gergely G, et al. Int J Psychoanal 1996;77:1181-212.[10]　Gergely G, et al. Early socio-emotional development: Contingency perception and the social-biofeedback model. In: Rochat P, editor. Early social cognition: Understanding others in the first months of life. Erlbaum; 1999. p.101-36.[11])

なわち新生児は，自分の行動とそれによって起こる変化や結果とのあいだに時間的なずれがまったくない状態に注意を引かれるとされている．

　生後3か月以降になると，乳児は完全ではないが，高い随伴性をもつ刺激や反応に，より注意を向けるようになる．それはつまり自分の行動に対して反応を返してくれるようなやりとり構造をもった経験に相当し，乳児の注意を社会的環境へと向かわせることになる[14]．これは乳児の興味が自己から"私のような""私に近い"ものへと移ることを示している．そして乳児が社会的な環境に参入すると，両親との情動を伴ったやりとり経験により，乳児の感情表現を養育者が映し返してmirroringしてくれることで，自分の感情状態にも気づくようになるというわけである．

　このように随伴性検出理論では，完全に随伴的な関係性から徐々に不完全な随伴的関係への気づきを得ることで，乳児の注意が自己から他者へと移っていくという発達的現象を説明している．これは最終的には延滞模倣などの記憶学習へと進んでいくと考えられる．

■ 社会的随伴性に対する感受性

　乳児が社会的な随伴性に感受性があるかどうかを調べる実験として，still faceパラダイムと呼ばれる実験がある．この実験では，初め普通に母親と乳児が対面で相互作用する場面があり，途中で母親がアイコンタクトをとったまま無表情となり反応しなくなる期間が設けられ（still face期間），その後再度普通の状態に戻るという設定で行われる．そしてstill face期間の乳児の反応変化を見る．もし乳児が自分の行動に対して随伴的に反応してくれる母親と，反応のない母親を区別することができて，前者を好むのなら，乳児はstill face期間に視線をそらし，笑顔が減少し，ぐずるなどネガティブな反応を示す（still face効果）．すなわちstill face効果は，乳児が社会的随伴性に対して感受性をもっていることの証左とされる．また，still face効果は相手が人形などでは見られないことから，ただ単に刺激がなくなったことによる反応ではないことが確かめられている[15,16]．

　現在ではさまざまな月齢でstill face効果が調べられている．Bertinと

第 2 章 他者身体の認識

凝視と笑顔の割合 (%)
mean percent gazing and smiling

通常のやりとり（1） normal 1 　　still-face 期間 still-face 　　通常のやりとり（2） normal 2

― 新生児　凝視
― 1.5 か月　凝視
― 3 か月　凝視
--- 新生児　笑顔
--- 1.5 か月　笑顔
--- 3 か月　笑顔

図 2・1　新生児，1.5 か月児，3 か月児の still face 効果の発達
(Bertin E, et al. Infant Behav Dev 2006; 29: 294-7.[17])

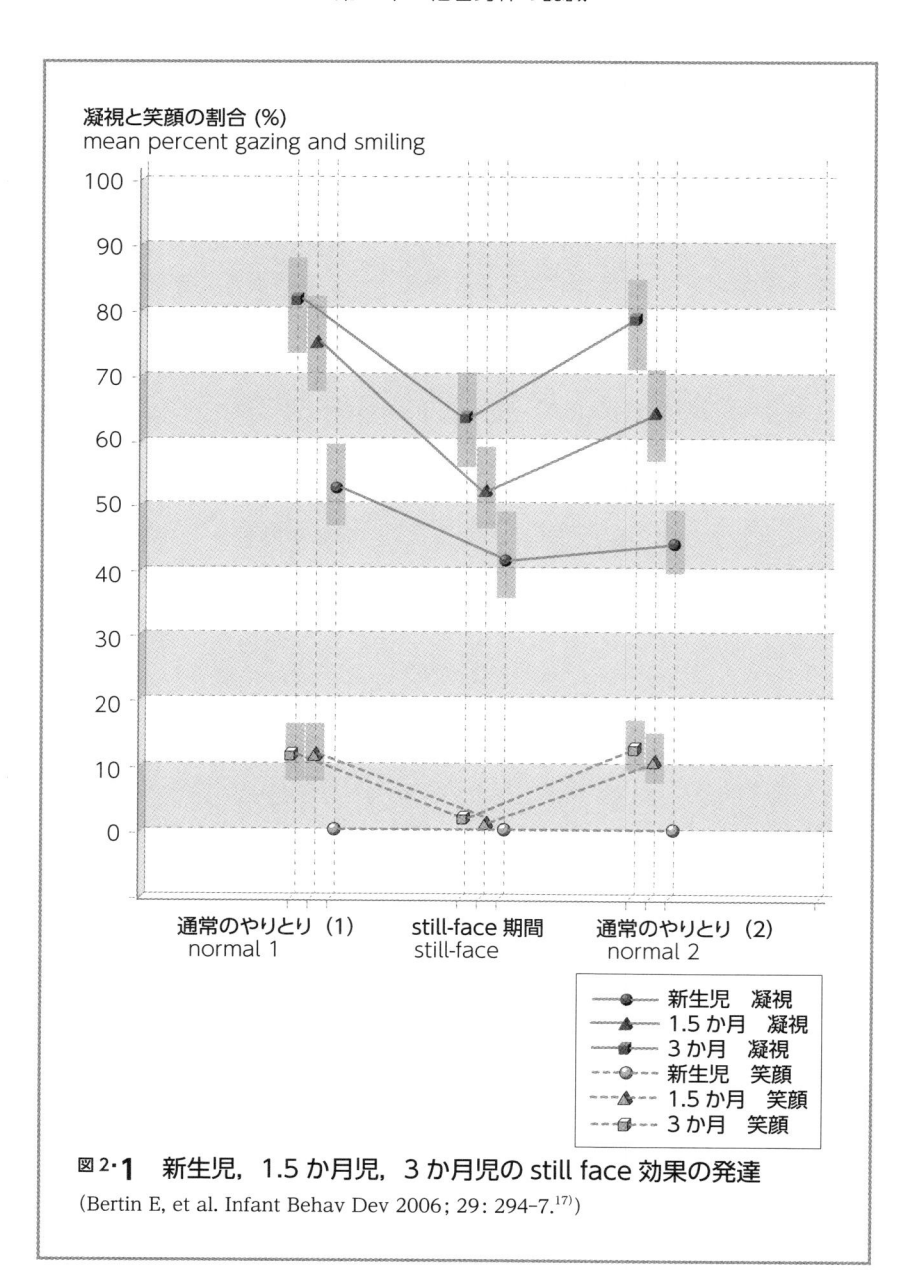

2. 他者とのやりとりの始まり

Striano は，生後数日の新生児，生後 1.5 か月，3 か月の乳児を対象に still face 実験を行い，1.5 か月以上の乳児に still face 効果が確認されている[17]．また，新生児においても有意ではなかったが，still face 期間で注視時間の低下が認められている（図 2・1）．このように他者との対面でのコミュニケーションにおいて，ヒトの乳児は物理的な随伴性をもった刺激よりも社会的な随伴性を伴った反応に出生後早期から敏感である可能性が考えられる．

■ コミュニケーションとしての模倣行動

初期の乳児と母親のコミュニケーションにおいては，母親が乳児の行動を模倣することが重要な役割を果たしていることも指摘されている[18]．実際，母親は養育行動のなかで頻繁に乳児の行動を模倣する．たとえば，乳児が起きている時間の 60％以上は大人が乳児の行動を模倣するという報告や[7]，約 1 分間に 1 回は母親が乳児の行動を模倣することなどが報告されている[8]．

Nadel は，コミュニケーションを目的とした模倣の役割を指摘し，コミュニケーションにおいて相手を模倣することの一般的な効果について次のように述べている[19]．

模倣することはされる人に対して"私はあなたに興味がある"というメッセージを伝えることになり，模倣されている人の注意を引きつけ，両者を結びつけることになると．つまり模倣されていることを"自分に興味がある"というメッセージとして受け取り，また模倣することにより"あなたに興味がある"ということを相手に伝える，といったコミュニケーションが成立するのである[20]．

このように大人が子どもの行動を模倣するというかかわり方は，逆模倣（counter-imitation），mirroring，相互模倣（reciprocal imitation）などと呼ばれている．

一方，生後数日の新生児でも相手の表情や動きを模倣できることが知られ

ており，これは新生児模倣と呼ばれている．最近では新生児が，その新生児模倣を通してやりとりができることを示した研究がある[21]．

　NagyとMolnarは新生児と対面し，大人が舌出しをするところを見せたときのやりとりの様子を心拍数の変動とともに調べた[21]．そして新生児と大人が舌出しの模倣によるやりとりを"会話"のように長時間持続することができることを示した．また，その際の新生児の行動は大人のモデル提示に対して反応する場合と，自分から舌出しを開始する場合があり，そのいずれかで心拍数の変動が異なることもわかった．つまり大人の行動を模倣する場合には心拍数は増加し，自分から行動を始動する場合には心拍数が減少した．一般的に心拍数の減少は何かに注意を向けて期待や予期をしている現れであるとされているため，新生児におけるこの心拍数の減少は，相手の模倣反応を期待し予期していると解釈されている．そしてNagyは，この自分からやりとりを開始する行動を"誘発行動（provocation）"または"新生児始動（neonatal initiation）"と名づけている[22]．つまり新生児は，相手の行動を模倣したり相手に模倣されたりといったやりとりを通して，自らやりとりを開始することも学ぶのである．

■ 模倣されていることへの気づき

　乳児の行動に対する大人のmirroring行動によって乳児は自分の行動の視覚的フィードバックが得られるわけであるが，この模倣されていることへの気づきはいつごろ可能となるのだろうか．模倣への気づきは社会的随伴性を伴ったやりとりのなかで，随伴性への気づきだけでなく自分の行動とその反応の形態的な類似性を検出する必要がある．

　Fieldは，8か月児が普通に相手をしてくれる母親よりも，自分の行動をまねしてくれる母親のほうをよく見ることを明らかにしている[23]．また，MeltzoffとMooreも，9か月児がただ随伴的に反応する大人よりも自分の行動を模倣している大人のほうをよく見ることを報告している[24]．

　RochatとStrianoは，4か月児と9か月児がリアルタイムの自分の映像とリアルタイムに自分の動きを模倣する他者像を区別し，後者をよく見ると

2. 他者とのやりとりの始まり

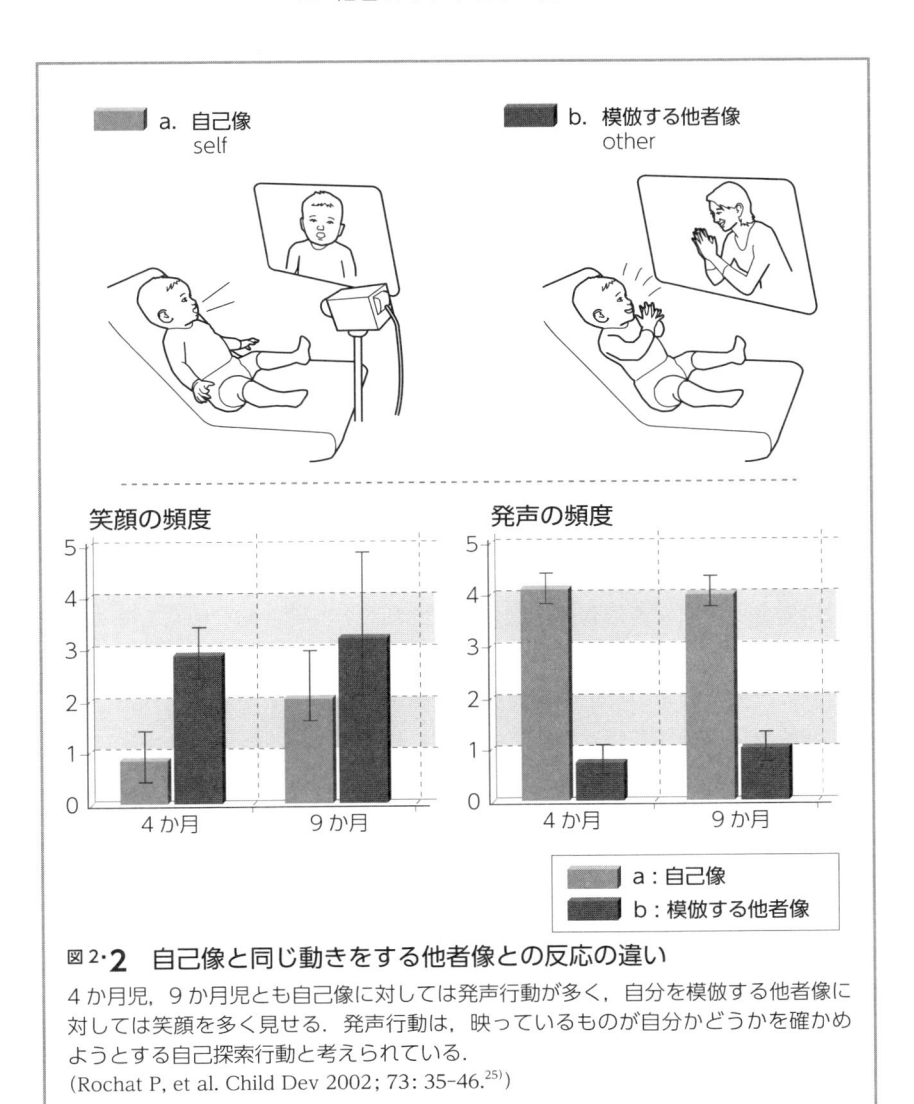

a. 自己像 self

b. 模倣する他者像 other

笑顔の頻度

発声の頻度

a：自己像
b：模倣する他者像

図2·2 自己像と同じ動きをする他者像との反応の違い

4か月児，9か月児とも自己像に対しては発声行動が多く，自分を模倣する他者像に対しては笑顔を多く見せる．発声行動は，映っているものが自分かどうかを確かめようとする自己探索行動と考えられている．
(Rochat P, et al. Child Dev 2002; 73: 35-46.[25])

報告している[25]．そしてこの2つの条件で乳児は異なった反応を見せた．つまり自分をまねする他者の場合には笑いかける行動が多く，自己像の場合には発声行動が多くみられた（**図2・2**）．これは他者を社会的パートナーとして認識したために微笑行動が多くなり，自己像の場合には発声することによって自己探索しているのだと解釈されている[25]．

さらに近年では，生後2か月という早い時期に自分の言動を模倣する大人に対して特別な反応を見せることがわかっており，模倣への気づきが早期に得られている可能性も指摘されている[26, 27]．また，人間以外の霊長類においても自分がまねされていることに気づいているという証拠があり[28, 29]，模倣されていることに対する感受性は生得的なものである可能性も考えられる．

■ 社会的随伴性の検出

社会的随伴性を純粋に検出できることを調べるためには，自分の行動と無関係に働きかけてくる他者と，自分の行動に対して随伴的に応答してくれる他者を区別できることを示す必要がある．これは時間的なタイミングすなわち自分の行動と他者の反応の時間的近接性を検出する必要があるため，他者の社会的反応性のみを検出する still face 実験と比べると幼い乳児にはより困難であると考えられる．そして，この社会的随伴性の検出を調べるために考案されたのが，ダブルビデオパラダイムと呼ばれる手法である．

ダブルビデオパラダイム実験では，乳児と大人（多くは母親）がモニターの画面を通してお互いの顔が見えるように設定してあり，リアルタイムに相互交渉ができるようになっている．そこでリアルタイムにやりとりをする場面を録画した映像を，突然乳児の側のモニターに再生し，そのときの乳児の反応を見ることでリアルタイムの随伴的な応答性との違いを検出できるかどうかを調べることができる．

これは録画しているときの自然なやりとりの映像と同じ刺激が使われるため，刺激の量は一定のものとなり純粋に社会的随伴性のみが異なる刺激となるのである．

実験の手順としては，ライブ条件（録画する）→リプレイ条件（録画した

2. 他者とのやりとりの始まり

ものを再生）→ライブ条件という手順で行われることが多い．

このダブルビデオパラダイムを使って Murray と Trevarthen は，生後2か月でリアルタイムとリプレイを区別できることを示した[30]．同様に Nadel らも生後9週の乳児で社会的随伴性を検出できることを確認している[19]．しかし，生後3か月未満の乳児でライブ映像とリプレイ映像を区別できることを示した研究は少ない．ほかの同じような方法を使った研究では3か月未満の乳児で結果の追認に失敗している[31,32]．この原因には後で述べるさまざまな要因が関係しているようである[33]．

Striano らは，ダブルビデオパラダイムと異なる方法で，生後1か月と3か月児の社会的随伴性の検出について調べている[34]．

この研究では，乳児は母親と対面した状態で実験が行われた．

条件は3つあり，自然にやりとりする natural 条件，乳児の発声や行動を模倣する imitation 条件，そして natural 条件と同じ行動を再現した non-contingent 条件で，そのときの乳児の注視と微笑の時間が抽出された．

その結果1か月児は，3つの条件を区別している兆候はみられなかったが，3か月児では imitation 条件でほかの2条件よりも注視時間が長く，non-contingent 条件よりも natural 条件で注視時間が長い傾向があった．また，微笑時間は natural 条件では，ほかの2条件よりも多いことが確認された．つまり1か月から3か月のあいだに社会的随伴性の検出が可能となることが示唆される．また，imitation 条件に最も注意を向けていたことは前に紹介した随伴性検出理論とも一致する．

■ 社会的随伴性の検出は養育態度に影響を受ける

Legerstee らは，生後3か月の乳児を対象にダブルビデオパラダイム（ただしライブ条件とリプレイ条件では異なる映像を使用している）を用いて社会的随伴性の検出が可能かどうかを調べている[33]．その結果，事前の母親の乳児に対する行動評価で高い情動的 mirroring（high-affect-mirroring；HAM）を示す母親をもつ乳児は，リプレイ条件よりも随伴性の高いライブ条件に注意を向けて微笑したり，発声したりすることが多かったが，低い情

動的 mirroring（low-affect-mirroring；LAM）を示す母親をもつ乳児は，ライブ条件とリプレイ条件でその反応に違いはみられなかった．すなわち乳児の行動に対する普段の母親の対応の仕方が，乳児の社会的随伴性に対する感受性に影響を与える可能性が考えられる．

さらに Legerstee らは，先の Striano らと同じ方法を用いて自然なやりとりの natural 条件，乳児の行動を即座に模倣する imitation 条件，随伴的な構造をもたないやりとりの non-contingent 条件の 3 条件を設定し，1 か月児と 3 か月児の社会的随伴性の検出について調べた[35]．ここでも乳児を，HAM と LAM の母親によって 2 つのグループに分けて調べている．その結果，LAM グループの 1 か月児は 3 条件で反応に違いは認められず，3 か月児のみ imitation 条件で最も注視時間が長かった．

一方，HAM グループの乳児は，1 か月児においても imitation 条件や non-contingent 条件よりも natural 条件で最も注視時間や微笑の時間が長かった．

これらの結果から，1 か月児でも普段の母親の対応の仕方によっては，社会的随伴性に気づくことが可能になることが示唆される．興味深いのは LAM グループの 3 か月児の結果は，Striano らの 3 か月児の実験結果と同じ結果となっているのに対して HAM グループの 1 か月児では，随伴性の高い imitation 条件よりも自然なやりとりの natural 条件への選好が認められたことである．

Legerstee は，これらの一連の研究から，乳児が社会的環境にどのようにかかわっていくのかを説明するものとして"情動共有モデル（affect sharing model）"を提唱している[36]．つまり，母親が乳児の行動に対して情動的に反応して返してあげることで，その最適なやりとり構造に注意を向けるようになるという．つまり随伴性の程度ではなく，発達初期から普段経験している情動的で自然なやりとりのほうにより注意を向けると主張し，随伴性検出理論に対して反論している．

先の実験結果では，HAM グループの乳児は普段から自分の行動に対して敏感に反応を返してくれる経験を積むことにより，1 か月児でも普段の自然

2. 他者とのやりとりの始まり

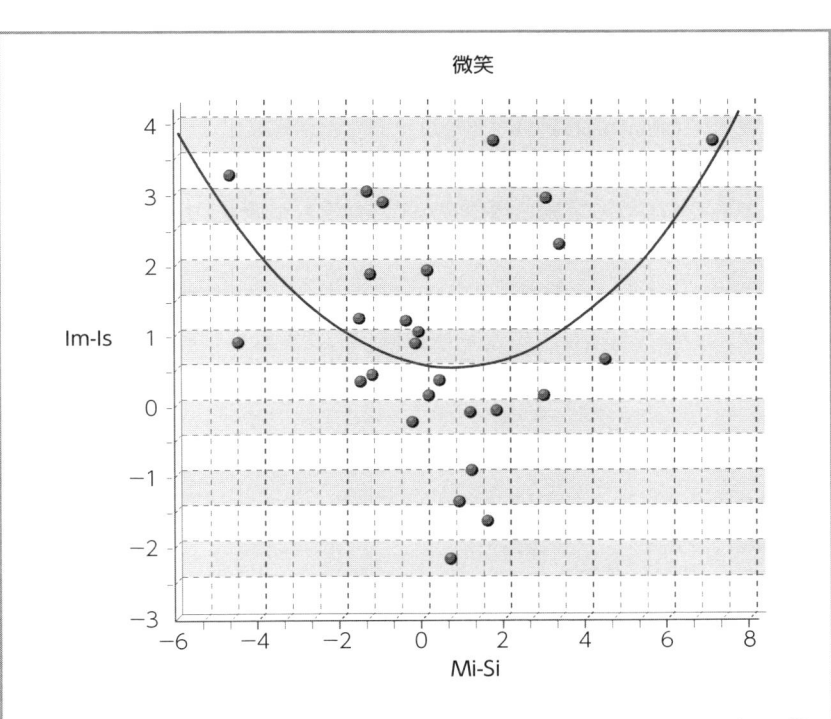

図2·3 母親と見知らぬ女性の社会的随伴性の程度による2か月児の微笑反応の変化
Mi：母親の随伴性スコア，Si：見知らぬ女性の随伴性スコア，Im：乳児の母親への微笑反応スコア，Is：乳児の見知らぬ女性への微笑反応スコア．
Mi-Si が 0 に近いほど母親と見知らぬ女性の随伴性が同程度であることを表しており，そのとき乳児の微笑反応も同程度であることを示している．
それ以外では，母親に対する微笑反応が見知らぬ女性よりも多いことがわかる．
(Bigelow AE, et al. Infancy 2006; 9: 313-25.[37])

なやりとり経験に近い natural 条件に最も注意が喚起され，それよりも高い随伴性をもつ imitation 条件や，低い随伴性をもつ non-contingent 条件には興味を引かれないと解釈できるのである．

　ほかの説明としては，出生後のやりとり経験の構造を手続き記憶のようなかたちで記憶している可能性も考えられる．

第 2 章　他者身体の認識

　Bigelow と Rochat は，生後 2 か月の乳児の社会的随伴性に対する反応について調査し，相手が見知らぬ女性であっても随伴性の程度が普段の母親の随伴性と同程度の場合には，2 か月児でも随伴性検出が可能であることを明らかにしている（**図 2・3**）[37]．このことは随伴性の高低に関係なく，普段経験しているやりとり経験と類似した随伴性をもつ他者の反応に，より注意を向けることを示唆している．
　以上のことから社会的随伴性を検出する能力は，随伴性の程度とは関係なく，個々人のいつものやりとり経験の質によっても左右される可能性がある．

■ 乳児の心理的スタンスの発達段階

　人間が生まれてから他者に対してもつ認識の発達を，Rochat は以下の 5 つの段階に分類している（**表 2・2**）[27]．
第 1 段階　出生から生後 6～8 週くらいまでの時期で，ダブルタッチのような自己探索行動によって，自己と他者を区別し，識別するようになる時期である．この基盤となるのは完全な随伴的構造をもった経験とそうでないも

表 2・2　乳児の心理的スタンスの発達段階

発達段階	心理的スタンス
第 1 段階	出生から生後 6～8 週まで：乳児は自己と他者のあいだの基本的な区別を，自己探索を基礎に確立する
第 2 段階	生後 2 か月まで：乳児は他者と微笑やほかの情動的同調を通して，初めて明確な相互性の兆候を見せる
第 3 段階	生後 2～7 か月：乳児は養育者によって高度に儀式化された対面での相互作用のなかで社会的予期を発達させる
第 4 段階	生後 7～9 か月まで：乳児は社会的参照や共同注意のような対象物への気づきを他者と共有するようになる
第 5 段階	生後 9～18 か月：乳児は自分で解決したり，操作，探索したり，楽しんだりできる場面でさえ他者と近接性を維持し，他者と協力する感覚を発達させる．彼らは社会的な強い依存の感覚を発達させる

(Rochat P. Bull Menninger Clin 2001; 65: 347-60.[27])

のとの違いの検出，すなわち随伴性検出理論に基づいていると考えられる．

第 2 段階　生後 2～3 か月くらいまでの時期で，乳児は他者との情動を伴ったやりとり経験を通して他者を社会的な存在として認識するようになる段階である．

第 3 段階　生後 2 か月以降から他者のなかでも主に養育者との対面による儀式化された相互作用経験の蓄積によって，他者の反応を乳児が予期するようになる段階である．この時期にあやすと笑うなどの社会的微笑が出現するようになる．

第 4 段階　生後 7～9 か月までに自分の行動のために他者の表情を利用する社会的参照（social reference）行動や，他者が見ているものを自分も見て注意を共有する，いわゆる共同注意（joint attention）が可能になる．この時期の共同注意は，他者の視線や行動に追従するという意味で応答的共同注意（responding joint attention）行動と呼ばれている．

第 5 段階　1 歳半までに自ら積極的に他者を巻き込み経験を共有しようとするようになる．そして他者と協力するという感覚も発達させる．これは自ら他者の行動を求めていくという意味で始発的共同注意（initial joint attention）行動と呼ばれる．

　実際のリハビリテーションの現場においては，子どもとセラピストの関係性は重要である．なぜなら常に子どもとセラピストは同じ場を共有し，課題に対して共同で取り組む必要があるからである．子どもが他者という存在をどのように認識し，とらえていくかというプロセスを理解し，そのレベルに応じた対応をしていくことは，臨床において非常に重要であると思われる．

3 他者行動の認知

　他者とのやりとり経験によって他者と情動的にも共有し，私のような他者に気づき，私と一緒に何かをする経験へとつながっていく．他者の存在への気づきから他者行動への注意が始まるのである．それによって，他者の行動を認知しそれを再生する，つまり模倣や観察学習が可能となる．

■ モーショニーズ(motionese)への選好

　大人は幼い乳児と対面したとき,大人に話しかけるときとは異なる独特の語りかけをすることが知られている.これはマザリーズ(motherese)とか,母親語,または乳児向けの話し方(infant directed speech)などと呼ばれている[38].そして乳児の側も motherese のほうにより注意を向けることが明らかとなっており,その選好は生後まもなくから認められる[39-41].また,語りかけ以外にも大人が乳児に対して見せる行動(infant directed action; IDA)は,大人に対して見せる行動(adult directed action; ADA)とは異なることが明らかにされている.たとえば大人が乳児に対して見せる表情[42]や,ジェスチャー[43]も乳児向けに調節される.

　最近では大人が乳児に対して何か行為するところを見せるときも,身体運動をさまざまな方法で調節することがわかっており,これは"乳児向けの行動(IDA)"または"モーショニーズ(motionese)"と呼ばれている[44,45].これに対して大人が大人に見せる行動は,ADA と呼ばれる.

　Brand らは母親が乳児に対して物を扱うところを見せるとき,動きを大きく単純化し,反復を多く,高い双方向性を作り出すような動きとなることを見いだしている[45].また,それに加えて Rohlfing らは,行動中のポーズの割合が高いことも報告している[46].

　これらの乳児に向けた行動調節は,乳児の注意を高めるように意識せずとも自然と行なわれる.しかし,実際に乳児は,motherese と同様に ADA よりも IDA のほうに注意が引かれるのだろうか.

　Brand と Shallcross は,6～8 か月の乳児と 11～13 か月児を対象に ADA と IDA を提示し,選好注視法を使ってどちらに注意を向けやすいかを調べたところ,どちらの月齢も IDA のほうにより注意を向ける傾向があることが確かめられた[47].乳児が大人の強調する行動特徴により注意を向けることは,それを観察学習していく際に重要な要素になると考えられる.

　Koterba らは,motionese のどのような特徴が乳児の注意を引くのかを明らかにするために,2 つの特徴(運動の大きさと繰り返し)をコントロールして 4 つの条件を作り,その注視時間と観察学習の効果について調べて

3. 他者行動の認知

いる[48]．

対象は 8～10 か月児で，観察条件は，
HiAmp/HiRep（大きい運動×繰り返しあり）
LoAmp/HiRep（小さい運動×繰り返しあり）
HiAmp/LoRep（大きい運動×繰り返しなし）
LoAmp/LoRep（小さい運動×繰り返しなし）
の 4 条件で他者がある玩具を扱っているところを乳児に見せ，そのときの注視時間を測定した．その結果，運動が小さく反復がない条件では乳児の注意を引くことはなかったが，ほかの 3 条件に対してはどれも乳児の注意は高く，その 3 条件間で違いは認められなかった．すなわち motionese の要

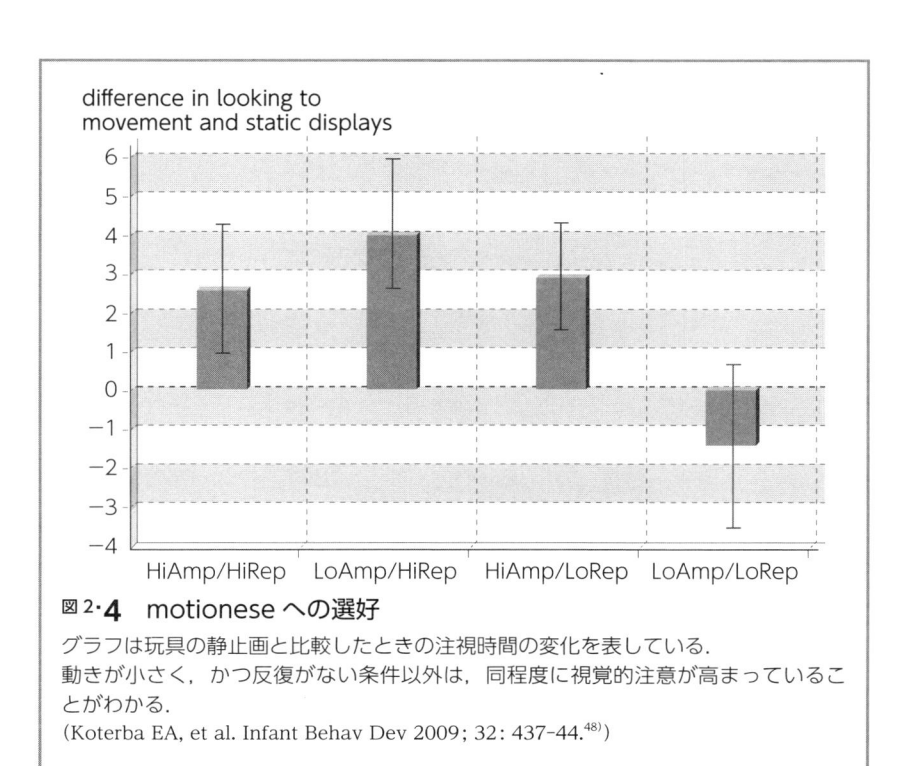

図 2・4　motionese への選好
グラフは玩具の静止画と比較したときの注視時間の変化を表している．
動きが小さく，かつ反復がない条件以外は，同程度に視覚的注意が高まっていることがわかる．
(Koterba EA, et al. Infant Behav Dev 2009; 32: 437-44.[48])

第 2 章 他者身体の認識

素のうち 1 つでもあれば乳児の注意を十分に引くことが明らかとなった（図 2・4）．

さらにその後，その玩具を乳児に手わたしてどのように扱うかを観察したところ，運動の大きさは乳児の探索行動に影響を与えなかったが，運動の繰り返しの存在が乳児の探索行動に影響を与えることがわかった．すなわち繰り返しのある大人の行動を見た乳児は，その玩具を振るように扱うことが多くなり，繰り返しのない行動を見た乳児は，その玩具を手に持ったまま眺めることが多かった（図 2・5）．

これらの結果から，8〜10 か月の乳児でも他者の行動を観察するときにその行動の特徴から行動の意図を理解してそれを拡大解釈し，その行動を再現できる可能性がある．実際に次の第 3 章で紹介するように，10 か月児が

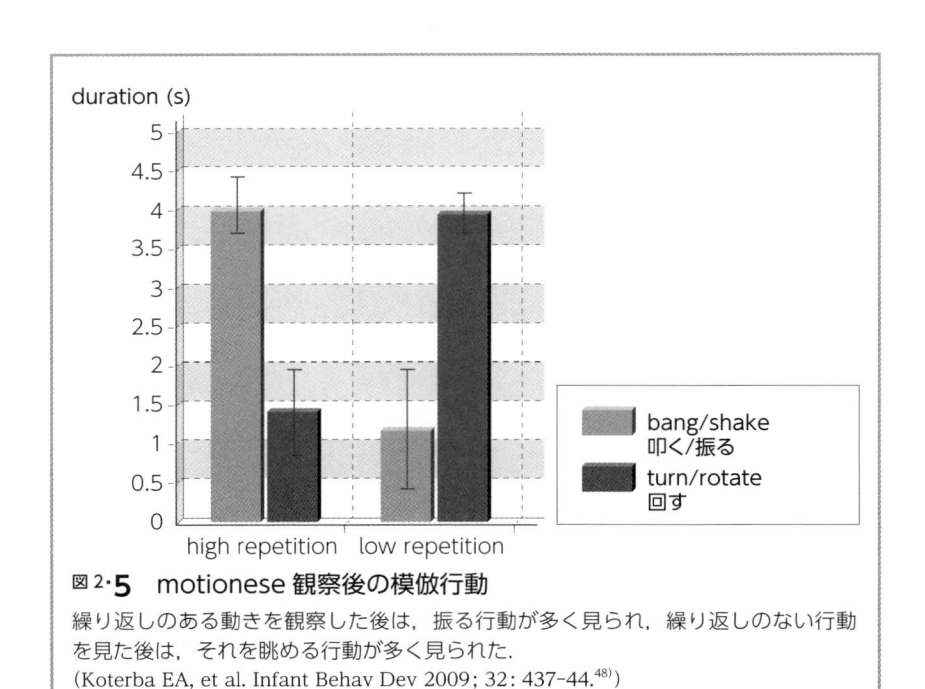

図 2・5　motionese 観察後の模倣行動
繰り返しのある動きを観察した後は，振る行動が多く見られ，繰り返しのない行動を見た後は，それを眺める行動が多く見られた．
(Koterba EA, et al. Infant Behav Dev 2009; 32: 437-44.[48])

3. 他者行動の認知

他者の意図を読んで模倣できるとする研究もあり，この結果は非常に興味深い[49]．大人のモデル提示の仕方によって乳児の注意に影響を及ぼすことは，子どもに何かを教えていくときにも手本をどのように見せるかが重要になることを示している．

■ 他者行動に対する注意

乳児が他者の行動を観察するとき，実際に注意をどこに向けるかによって他者行動から学ぶ内容が変わってくる．特に乳児は注意能力が大人のそれと違って未熟であるため，それが結果的に，物理的，社会的世界について学んでいくときに効率のよい方向へと進むと考えられる．特に幼い乳児は視覚的な動きに対する感受性は高いことが知られている．

乳児が他者行動を観察するときにどこに注意を向けているのかについて，Bahrickらは5.5か月児を対象に馴化-脱馴化法と選好注視法を組み合わせた方法を用いて調べている（**図2・6**）[50]．

この研究では最初に乳児に他者が道具を使ってある動作をしている映像を見せて馴化させた後，1分後と7週間後に人が同じで動作が異なる映像と，人が異なり動作が同じ映像を見せたところ，1分後には前者の人が同じで動作が異なるほうに脱馴化を示した．また，7週間後には動作が同じほうを好んで見る傾向があった．このことから5.5か月児は，その動作をしている人の顔よりも動作のほうに注意を向けていることが示唆された．

さらにこの研究の実験2では，映像が動画ではなく静止している場合には，動作をしている人の顔にも注意を向け記憶できること，また実験3ではある動作をしている道具が変わった場合には，人の顔と同様にその変化に気づかないことが示された．

以上のことから幼い乳児は他者の動作を観察するとき，その動きの情報により注意を向ける傾向があり，そのためにそれを操作している人や物の情報には注意が向きにくいことがわかる．

Peroneらは，それをさらに発展させ，乳児がその後の発達において他者の動作と対象物を結びつけていく，つまり他者の動作と対象物の両方に注意

第 2 章　他者身体の認識

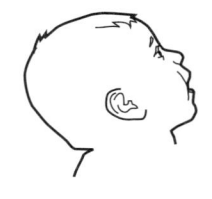

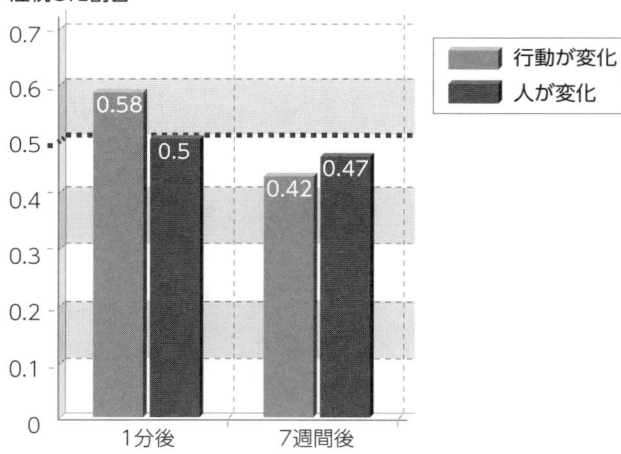

図 2・6　5.5 か月児は他者行動のどこに注目し記憶しているか
グラフは行動または人が変化した場合の注視時間の割合を表している．0.5 のライン
がチャンスレベルを表し，それより多くても少なくても区別できているとされる．1
分後には行動が変化した場合に，それをよく見る．7 週間後は行動が同じほうをよく
見る．
(Bahrick LE, et al. Child Dev 2002; 73: 1629-43.[50])

3. 他者行動の認知

を向ける能力の発達過程について明らかにしている[51, 52]．

その実験では6か月と7か月の乳児を対象に，ある対象物に対してある動作をしている（たとえば紐を引いてホイッスルが鳴る）映像を見せて馴化させた後，対象物は同じだが動作が変わる映像，対象物が変わり動作が同じ映像のいずれかを見せたところ，6か月児では新奇の行動に対してのみ脱馴化を示したが，7か月児では新奇行動の場合だけでなく対象物が変わった場合も脱馴化を示すようになった（**図2・7**）[52]．しかしながら7か月児ではまだ両者の変化に対する感受性には違いがある，つまりまだ行動の変化のほうが対象物の変化よりも気づきやすいことが確認されている．

その後，さらに同じグループの研究により10か月までには両者への変化に対する感受性には違いが認められなくなる，すなわちどちらも同じくらいに注意を向けられるようになることが判明している[53]．

以上の結果から，乳児が他者行動を観察する際の注意の発達過程が明らかになった（**表2・3**）．すなわち生後6か月ごろまでは動きの情報に注意が引きつけられるが，それが静止している場合には背景にあった対象物や操作する人の顔にも注意を向けられる状態にある．そして生後7か月以降に少しずつ動きのなかにある対象物の情報にも注意を向けられるようになり，10か月までに両者の変化に対して同等に注意を払うことが可能となり，動作と対象物の組み合わせを学習するようになる．

■ 自己の運動経験が他者行動への注意を高める

近年では，自己の運動経験があるほうが，他者のする同じ行動を見たときの他者行動への注意を高める可能性があることが明らかとなっている．すなわち自分で経験したことがあるかないかで，他者行動への注意が異なるのである．

実は先に紹介したPeroneらの研究には続きがあり，6か月児の馴化－脱馴化実験の後，その玩具を手わたして探索する様子を観察している．そして，その探索場面をもとに探索行動の活発な乳児と低い乳児を2つのグループに分けて分析したところ，探索行動の活発な乳児のグループでは6か月

第2章 他者身体の認識

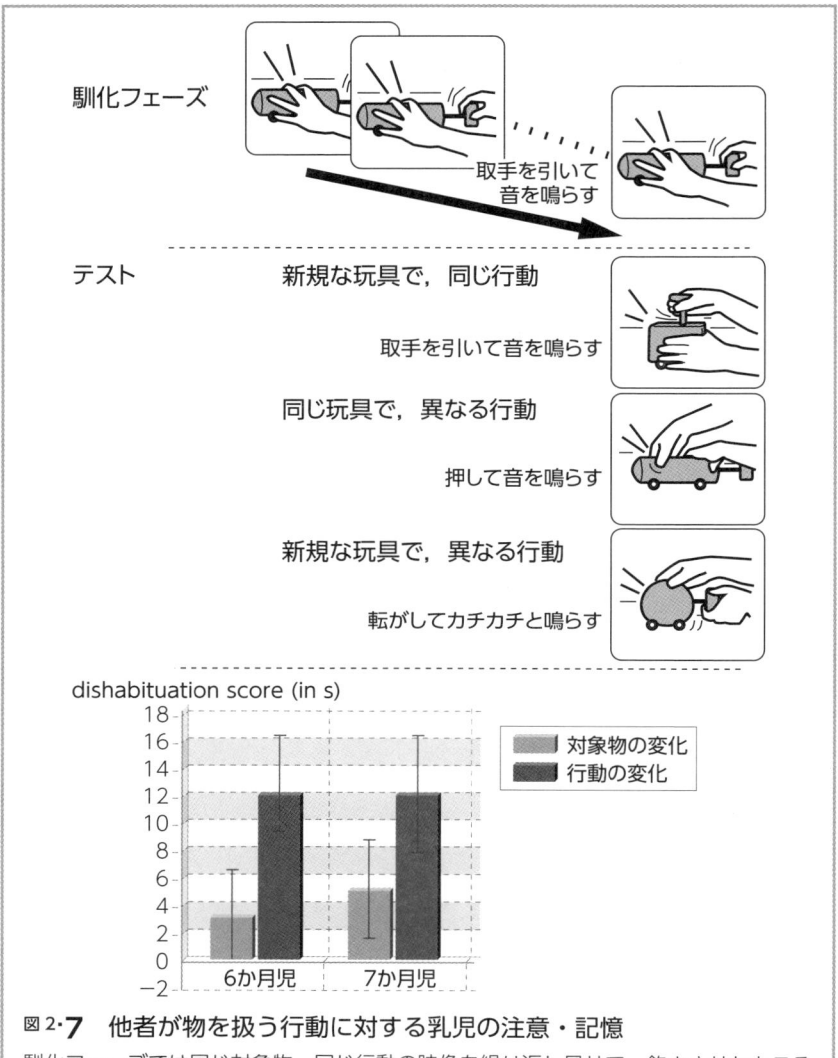

図2・7 他者が物を扱う行動に対する乳児の注意・記憶
馴化フェーズでは同じ対象物，同じ行動の映像を繰り返し見せて，飽きさせたところで，テスト刺激として対象物が異なり同じ行動をする映像，または対象物は同じだが馴化刺激とは異なる行動をする映像を見せたところ，6か月児は行動の変化の場合のみに脱馴化を示すが，7か月になるとどちらの変化にも脱馴化をするようになる．
(Perone S, et al. Dev Psychol 2008 ; 44 : 1242-8.[52])

3. 他者行動の認知

表2·3 他者行動に対する注意の発達過程

時期	注意の特徴
出生〜生後6か月まで	●motioneseへの選好 ●他者の動作に注目し記憶 ●動作をしているときの物や顔への注意は希薄 ●静止していれば，操作している人の顔や対象物にも注意を向けることが可能
生後7か月ごろ〜	●少しずつ動作をしている対象物に注意を向けられるようになる ●しかし，まだ動作への注意が優位
生後10か月ごろ〜	●他者行動の動作，対象物，顔すべてに同等の注意を向けられるようになり，動作と対象物の組み合わせを学習するようになる

(Perone S, et al. Dev Psychol 2008; 44: 1242-8.[52]
Horst JS, et al. Child Dev 2005; 76: 614-31.[53])

でありながら，行動のみならず対象物が変わったときにも脱馴化を示すことがわかった[52]．このことは探索行動が活発で普段から探索経験が豊富なほうが，他者の同じような行動に対して注意が高く，他者行動を観察するなかでより多くの情報が得られることを示唆している．

ほかにも自己の運動経験が他者行動への注意を高めることを示した研究がある．

Haufらは，7，9，11か月の乳児に，2つのうちのどちらか一方の玩具で遊ばせる経験をさせた後，2人の大人がどちらか一方の玩具で遊んでいる映像を左右並べて提示し，どちらを多く見るかを測定（選好注視法）した（図2·8）[54]．

普通，選好注視法では新奇刺激に対して興味を引かれるため，自分が遊んだ玩具とは異なる玩具を使った映像のほうに注意が向くことが予想されるが，結果は逆で，9，11か月児においては，自分が遊んだ玩具で遊んでいる映像のほうをより多く見る傾向があることが示された[54]．

これは自分の探索経験が，その対象物への興味を高め，さらにそれを操作

第2章　他者身体の認識

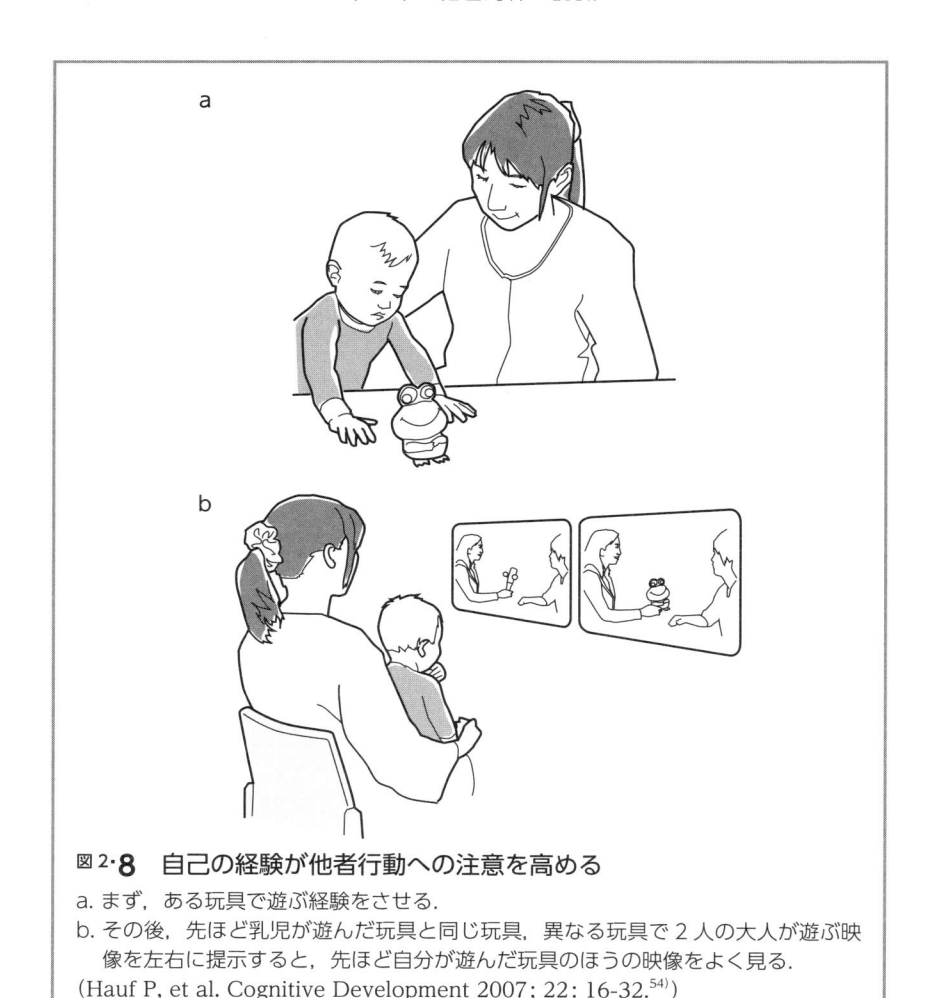

図2・8　自己の経験が他者行動への注意を高める
a. まず，ある玩具で遊ぶ経験をさせる．
b. その後，先ほど乳児が遊んだ玩具と同じ玩具，異なる玩具で2人の大人が遊ぶ映像を左右に提示すると，先ほど自分が遊んだ玩具のほうの映像をよく見る．
(Hauf P, et al. Cognitive Development 2007; 22: 16-32.[54])

する大人の行動への注意を高めた結果であると考えられている．つまり9か月にもなると普段の生活で大人から模倣学習する機会や経験を積むことによって，大人が自分より探索行動において優れている存在であることを認識し，大人の行動から積極的に学習しようとしている現れであると解釈できる

3. 他者行動の認知

のである．

■ 他者行動の意図理解

　最近の研究から，乳児は1歳になる前から他者の行動をただ観察するのではなく，その目標や意図までをも理解することが示されている．これは相手の行動の意図や信念を読むといった"心の理論"につながる可能性があるため，最近では盛んな研究領域となっている．その火つけ役となったのがWoodwardの研究である．

　Woodwardは，単純かつ巧妙な方法を使って乳児が他者の目標を理解していることを証明した[55]．現在ではこの方法は，Woodwardのパラダイムとも呼ばれ，乳児の意図理解を調べる方法として広く用いられている．

　その方法は，まず馴化試行として，大人が目の前の左右に置かれている対象物のどちらかに手を伸ばしてつかむところを何度も見せる．そして乳児がそれを見て飽きてきたころに，テスト刺激として，今度はさっき見たときとは対象物の位置が左右入れ替えられた状況で，大人が左右どちらかに手を伸ばすのを見せる（図2・9）．このとき乳児はどちらに脱馴化するのか，つまりどちらを新奇なものと見るのだろうか．

　この状況で大人がさっき手を伸ばした物と異なる物に手を伸ばした場合，リーチの運動軌道は同じであるが目標は異なるということになる．一方，さっきと同じ目標に手を伸ばした場合，左右の位置が入れ替えられているため運動の軌道は異なる，すなわち手を伸ばす方向が異なることになる．もし乳児が，ただ大人のリーチ行動のみに注意を向けているのであれば，リーチの方向が変わったほう（new side 条件）が新奇となり脱馴化をみせるはずである．しかし，乳児が大人のリーチ行動を見て，その目標物を何度も取ろうとしているということはそれを欲しているのだという大人の欲求や意図までを理解しているのであれば，リーチの方向が同じでも目標物が異なるほう（new object 条件）に脱馴化をみせるはずである．

　この実験の結果，生後5~6か月の乳児がnew object条件のほうに脱馴化を示すことが明らかとなった．このことから生後5~6か月児は他者の

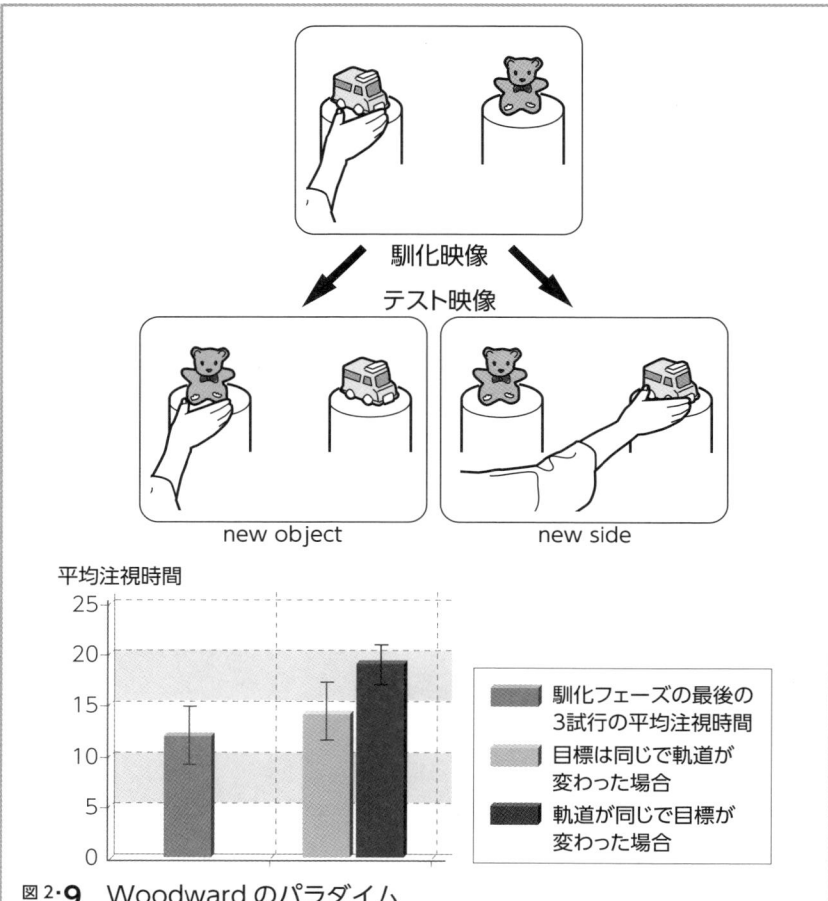

図2·9 Woodward のパラダイム

初めに馴化試行として，2つの目標物のうちどちらか一方にリーチする映像を飽きて見なくなるまで何度も繰り返し提示した後，目標物が左右に置き換えられた2つのテスト条件の映像が見せられた．
一方は new object 条件で，リーチの運動軌道は同じだが目標物が異なる場合，もう一方は new side 条件で，目標物は同じだがリーチの運動軌道が異なる場合である．
乳児がリーチの意図を理解している場合，目標物が異なる new object 条件のみで脱馴化（注意の回復）が生じることになる．
6か月児は，他者のリーチ動作の意図・目標を理解している．
(Woodward AL. Cognition 1998; 69: 1-34.[55])

3. 他者行動の認知

リーチ行動を，目標物を手に入れるという意図をもったものとしてとらえていることがわかる．

Woodwardらの研究グループは，その後も同じ方法を使って，さまざまな大人の行動の意図理解について調べている．たとえば他者の指さし行動[56]や視線を向ける行動[57]についても同じ方法を用いて調べた結果，どちらも12か月から他者の指さしや視線の目標理解を示すことが明らかとなっている．

ここで注意しなければならないのは，この実験パラダイムでは目の前の大人がどちらの目標に興味をもっているのかを理解していることを示しているのであって，その意図の内容までを理解しているかどうかは不明な点である．意図は行為と密接に結びついている．したがってここでは，他者が何をしようとしているかを理解することが意図理解であるとされている．

■ 自己の経験は他者行動の意図理解の源である

Woodwardのグループは，その後 means-end task と呼ばれる手段-目的行動の意図理解について10か月児と12か月児を対象に調べている（図2・10）[58]．参考までに means-end task は通常発達では生後9か月以降に可能となる課題で，図2・10の場合では自分の欲する目標物を手に入れるという"目的"のために，まずその目標物がのった布を引くという"手段"を遂行する必要がある．実験ではその means-end task の意図理解を Woodward のパラダイムを用いて調べられた．

その結果，12か月児は大人が何を意図して布に手を伸ばしたかを理解して new object 条件で脱馴化をみせた．一方，10か月児は means-end task をすでに獲得している児は意図理解を示したが，まだ means-end task ができない10か月児は意図理解を示さなかった．

このことから自分でその行動を獲得しているかどうか，つまりその行動を経験しているかどうかが他者行動の意図理解の基盤となることが考えられる．

この見解をさらに確かなものにしたのが，Sommerville らの研究である[59]．彼らは生後3か月という幼い乳児を対象に，先に紹介したリーチン

第 2 章　他者身体の認識

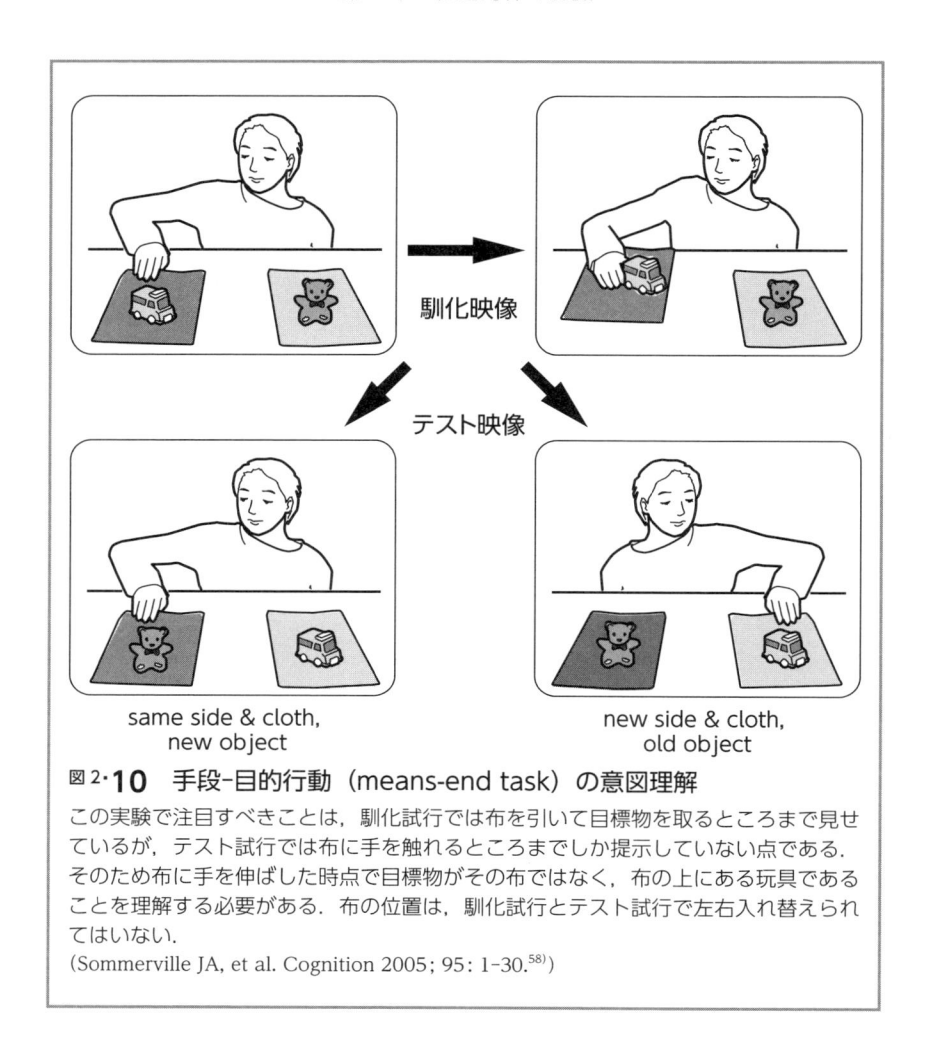

same side & cloth, new object

new side & cloth, old object

図2・10　手段−目的行動（means-end task）の意図理解

この実験で注目すべきことは，馴化試行では布を引いて目標物を取るところまで見せているが，テスト試行では布に手を触れるところまでしか提示していない点である．そのため布に手を伸ばした時点で目標物がその布ではなく，布の上にある玩具であることを理解する必要がある．布の位置は，馴化試行とテスト試行で左右入れ替えられてはいない．
(Sommerville JA, et al. Cognition 2005; 95: 1-30.[58])

グ行動の意図理解の実験を行なった．前にも述べたように通常は他者のリーチング行動の目標・意図理解は5～6か月ごろに可能となることが明らかとなっており，通常3か月児は他者のリーチング行動の意図理解は示さない．

　Sommervilleらは，その原因として3か月児がまだリーチングを獲得していないからだと考えたわけである．そこで3か月児の手にベルクロのつ

3. 他者行動の認知

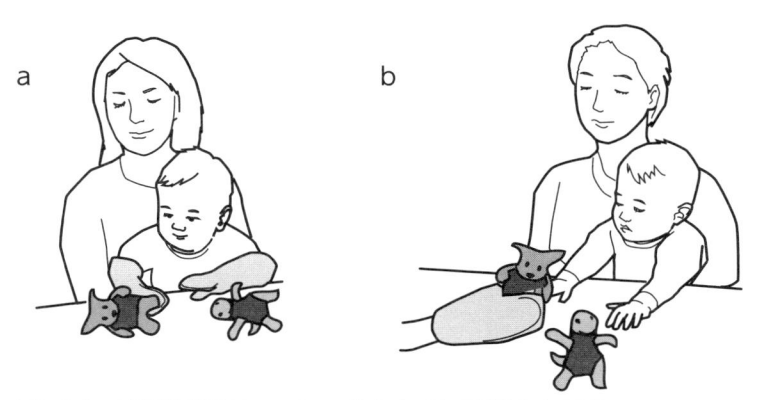

図2・11 意図理解はいつ？ どのように可能となる？
Woodward のパラダイム実験の前に，
a. ベルクロのミトンを着けて物を取る経験をさせた 3 か月児のグループ．
b. 他者がベルクロのミトンで物を取る光景を見せた 3 か月児のグループ．
(Sommerville JA, et al. Cognition 2005; 96: B1-11.[59])

いた手袋を着けて目標に手を伸ばして触れるだけでそれを手に入れることができるようにし，それを実際に乳児にやらせて玩具を取る経験をさせたグループと，大人が同じことをするところをただ観察しただけのグループに分け，その後リーチング行動の Woodward のパラダイム実験を行なった（**図2・11**）．

その結果，Sommerville らが予想したとおり，自分で目標物に手を伸ばして取る経験をさせた 3 か月児のみが他者のリーチング行動の目標理解を示したのである（**図2・12**）．

さらに近年 means-end task がまだできない 8 か月児に，模倣学習をさせて means-end task ができるようになったグループが，means-end task の意図理解を示すようになることも明らかにされている[60]．

このように他者の行動を観察したとき，その行動を自分で経験したことがあるか否かが，他者行動の理解を左右する可能性が高い．これは"心の理

第 2 章　他者身体の認識

図 2・12　Sommerville らの実験結果
目標物に手を伸ばして取る経験をさせたグループのみ new object 条件で脱馴化を示した.
(Sommerville JA, et al. Cognition 2005; 96: B1-11.[59])

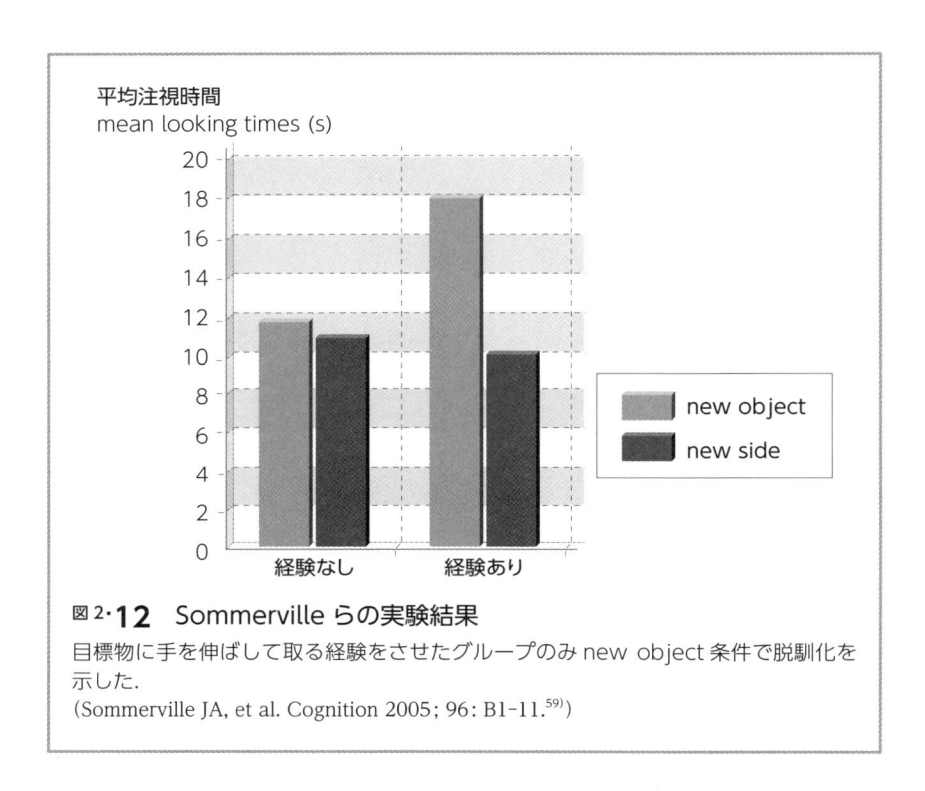

論"獲得のためのシミュレーション説を支持するものである.

■■ 移動経験が社会的相互作用を変化させる

　自己の運動経験が他者行動への注意を高めることは，移動能力の発達においても当てはまると考えられる．最近 Clearfield は，歩行の獲得によって他者への注意が高まり，社会的相互作用の質にも変化をもたらす可能性について報告しているので以下に紹介したい[61].
　Clearfield の実験 1，2 では，9～12 か月児（平均 10 か月）を次の 3 つのグループに分けた．
　①歩行をまだ獲得していないハイハイのみのグループ

70

3. 他者行動の認知

　②歩行の未獲得な乳児を歩行器に乗せたグループ
　③ひとりで歩行が可能なグループ
　そして，玩具，母親，他人のいる環境での自由な活動の様子を観察し，移動距離，玩具や母親，他者とかかわった時間，発声行動，ジェスチャー行動を抽出した．また，発声行動とジェスチャー行動は他者に向けられたものとそうでないものを区別して抽出された．
　その結果，グループ①，②ではどの行動にも違いは認められなかったが，グループ③においてはグループ①，②と比べて玩具や母親とかかわる時間が2倍以上あった．このことからグループ②のように運動能力を一時的に変えたとしても玩具や他者との関係に変化は起きず，ひとりで歩行する経験が他者との関係性を変化させる可能性が考えられた．
　この解釈をさらに確かなものとするために，同じ研究の実験3では，まだ歩行できない乳児がひとりで歩行できるようになるまでに，どのように社会的行動が変化するのかを縦断的に調査したところ，歩行未獲得の時期は母親よりも玩具とかかわる時間のほうが多かったが，歩行を獲得したての時期には母親とかかわる時間が急増し，そのぶん玩具とかかわる時間が減少した．そして歩行獲得後には，再度玩具とかかわる時間が増加した．ジェスチャーについては，歩行を獲得し始めの時期に母親に向けたジェスチャーが急増し，その後も増え続けることがわかった．
　Clearfieldは，歩行の獲得が共同注意行動に変化を起こす可能性について指摘しているが，実際のところこの因果関係は明らかになっていない．
　歩行を学習中に母親への能動的な働きかけが増加することは，もしかすると他者との能動的な共同注意行動，すなわち他者と経験を共有しようとする欲求が歩行の獲得を促す可能性も考えられるのではないだろうか．それは歩行器に乗せたグループの社会的相互作用に変化がみられなかったことからも示唆される．
　次の第3章では，自己身体を認識し，他者とかかわり，他者行動を認識し，次にそれを自分の行動として再生する能力，すなわち模倣行動の発達についてみていく．

第2章 他者身体の認識

■**文　献**（4は参考文献）

1. Gleitman LR, et al. The current status of the motherese hypothesis. J Child Lang 1984; 11: 43-79.
2. Jean ADL, et al. A longitudinal investigation of maternal touching across the first 6 months of life: age and context effects. Infant Behav Dev 2009; 32: 344-9.
3. Ferber SG, et al. The development of maternal touch across the first year of life. Early Hum Dev 2008; 84: 363-70.
4. DNスターン（Stern DN）・神庭靖子, 神庭重信 訳. 乳児の対人世界：理論編. 岩崎学術出版社; 1989.
5. Trevarthen C. Communication and cooperation in early infancy: A description of primary intersubjectivity. In: Bullowa M, editor. Before speech: The begining of interpersonal communication. New York: Cambridge University Press; 1979. p. 321-47.
6. Uzgiris I. Two functions of imitation during infancy. Int J Behav Dev 1981; 4: 1-12.
7. Pawlby SJ. Imitative interaction. In: Shaffer HR, editor. Studies in mother-infant interaction. New York: Academic Press; 1977. p. 203-24.
8. Jones S. Imitation in infancy: the development of mimicry. Psychol Sci 2007; 18: 593-9.
9. 黒木美沙. 発達心理学から考える自他理解の発達. 発達 2007; 28（112）: 10-7.
10. Gergely G, Watson JS. The social biofeedback theory of parental affect-mirroring: the development of emotional self-awareness and self-control in infancy. Int J Psychoanal 1996; 77: 1181-212.
11. Gergely G, Watson JS. Early socio-emotional development: Contingency perception and the social-biofeedback model. In: Rochat P, editor. Early social cognition: Understanding others in the first months of life. Mahwah, NJ: Erlbaum; 1999. p. 101-36.
12. Gergely G. The obscure object of desire: 'Nearly, but clearly not, like me' Contingency preference in normal children versus children with autism. Cognitive and interactional foundations of attachment 2001; 65: 411-26.
13. Bahrick LE, Watson JS. Detection of intermodal proprioceptive-visual contingency as a potential basis of self-perception in infancy. Dev Psychol 1985; 21: 963-73.
14. Watson JS. Contingency perception in early social development. In: Field TM, Fox NA, editors. Social perception in infants. Norwood, NJ: Ablex

文　献

Publishing; 1985. p. 157-76.
15. Muir D, Hains S. Young infants' perception of adult intentionality: Adult contingency and eye direction. In: Rochat P, editor. Early social cognition: Understanding others in the first months of life. Mahwah, NJ: Erlbaum; 1999. p. 155-87.
16. Ellsworth CP, et al. Social competence and object differentiation: An analysis of the still-face effect. Dev Psychol 1993; 39: 63-73.
17. Bertin E, Striano T. The still-face response in newborn, 1. 5-, and 3-month-old infants. Infant Behav Dev 2006; 29: 294-7.
18. Ray E, Heyes C. Imitation in infancy: the wealth of the stimulus. Dev Sci 2011; 14: 92-105.
19. Nadel J, et al. The evolving nature of imitation as a form for communication. In: Nadel J, Butterworth G, editors. Imitation in infancy. New York: Cambridge University Press; 1999. p. 209-34.
20. 浦島裕美, 伊藤良子. 広汎性発達障害児における模倣認知と共同注意の発達的連関. 東京学芸大学紀要 総合教育科学系 2008; 59: 461-73.
21. Nagy E, Molnar P. Homo imitans or homo provocans? The phenomenon of neonatal imitation. Infant Behav Dev 2004; 27: 57-63.
22. Nagy E. From imitation to conversation: the first dialogues with human neonates. Inf Child Dev 2006; 15: 223-32.
23. Field TM. Effects of early separation, interactive deficits, and experimental manipulations on infant-mother face-to-face interaction. Child Dev 1977; 48: 763-71.
24. Meltzoff AN, Moore MK. Persons and representation: Why infant imitation is important for theories of human development. In: Nadel J, Butterworth G, editors. Imitation in infancy. New York: Cambridge University Press; 1999. p.209-34.
25. Rochat P, Striano T. Who's in the mirror? Self-other discrimination in specular images by four-and nine-month-old infants. Child Dev 2002; 73: 35-46.
26. Nadel J. Imitation and imitation recognition: Functional use in preverbal infants and nonverbal children with autism. In: Meltzoff AN, Prinz F, editors. The imitative mind-development, evolution, and brain bases. New York: Cambridge University Press; 2002. p. 42-62.
27. Rochat P. Social contingency detection and infant development. Bull Menninger Clin 2001; 65: 347-60.

28. Nielsen M, et al. Imitation recognition in a captive chimpanzee (Pan troglodytes). Anim Cogn 2005; 8: 31-6.
29. Haun DBM, Call J. Imitation recognition in great apes. Curr Biol 2008; 18: R288-90.
30. Murray L, Trevarthen C. Emotional regulation of interaction between two-month-olds and their mothers. In: Field TM, Fox N, editors. Social perception in infants. Norwood, NJ: Ablex Publishing; 1985. p. 101-25.
31. Rochat P, et al. Are young infants sensitive to interpersonal contingency? Infant Behav Dev 1998; 21: 355-66.
32. Bigelow AE, DeCoste C. Sensitivity to social contingencies from mothers and strangers in 2-, 4-, and 6-month-old infants. Infancy 2003; 4: 111-40.
33. Legerstee M, Varghese J. The role of maternal affect mirroring on social expectancies in three-month-old infants. Child Dev 2001; 72: 1301-13.
34. Striano T, et al. Sensitivity to social contingencies between 1 and 3 months of age. Dev Sci 2005; 8: 509-18.
35. Markova G, Legerstee M. Contingency, imitation, and affect sharing: Foundations of infants' social awareness. Dev Psychol 2006; 42: 132-41.
36. Legerstee M. The role of dyadic communication in social cognitive development. In: Bauer P, editor. Advances in child development and behavior. Vol. 37, The Netherlands: Elsevier; 2009. p. 1-53.
37. Bigelow AE, Rochat P. Two-month-old infants' sensitivity to social contingency in mother-infant and stranger-infant interaction. Infancy 2006; 9: 313-25.
38. Gleitman LR, et al. The current status of the motherese hypothesis. J Child Lang 1984; 11: 43-79.
39. Fernald A. Four-month-old infants prefer to listen to motherese. Infant Behav Dev 1985; 8: 181-95.
40. Cooper RP, Aslin RN. Preference for infant-directed speech in the first month after birth. Child Dev 1990; 61: 1584-95.
41. Pegg JE, McLeod PJ. Preference for infant-directed over adult-directed speech: evidence from 7-week-old infants. Infant Behav Dev 1992; 15: 325-45.
42. Chong SCF, et al. Three facial expressions mothers directed to their infants. Inf Child Dev 2003; 12: 211-32.
43. Iverson JM, et al. Gesturing in mother-child interacton. Cognitive Development 1999; 14: 57-75.

文　献

44. Brand RJ, et al. Evidence for 'motionese': modifications in mothers' infant-directed action. Dev Sci 2002; 5: 72-83.
45. Brand RJ, et al. Fine-grained analysis of motionese: eye gaze, object exchanges, and action units in infant-versus adult-directed action. Infancy 2007; 11: 203-14.
46. Rohlfing KJ, et al. How can multimodal cues from child-directed interaction reduce learning complexity in robots? Advanced Robotics 2006; 20: 1183-99.
47. Brand RJ, Shallcross WL. Infants prefer motionese to adult-directed action. Dev Sci 2008; 11: 853-61.
48. Koterba EA, Iverson JM. Investigating motionese: The effect of infant-directed action on infants' attention and object exploration. Infant Behav Dev 2009 ; 32: 437-44.
49. Legerstee M, Markova G. Variations in 10-month-old infant imitation of people and things. Infant Behav Dev 2008; 31: 81-91.
50. Bahrick LE, et al. Attention and memory for faces and actions in infancy: the salience of actions over faces in dynamic events. Child Dev 2002; 73: 1629-43.
51. Perone S, Oakes LM. It clicks when it is rolled and it squeaks when it is squeezed: what 10-month-old infants learn about object function. Child Dev 2006; 77: 1608-22.
52. Perone S, et al. The relation between infants' activity with objects and attention to object appearance. Dev Psychol 2008; 44: 1242-8.
53. Horst JS, et al. What does is look like and what can it do? Category structure influences how infants categorize. Child Dev 2005; 76: 614-31.
54. Hauf P, et al. Baby do-baby see! How action production influences action perception in infants. Cognitive Development 2007; 22: 16-32.
55. Woodward AL. Infants selectively encode the goal object of an actor's reach. Cognition 1998; 69: 1-34.
56. Woodward AL, et al. Infants' understanding of the point gesture as an object-directed action. Cognitive Development 2002; 17: 1061-84
57. Woodward AL. Infants' developing understanding of the link between looker and object. Dev Sci 2003; 6: 297-311.
58. Sommerville JA, Woodward AL. Pulling out the intentional structure of action: the relation between action processing and action production in infancy. Cognition 2005; 95: 1-30.

59. Sommerville JA, et al. Action experience alters 3-month-old infants 'perception of others' actions. Cognition 2005; 96: B1-11.
60. Woodward AL, et al. The emergence of intention attribution in infancy. In: Ross B, editor. The psychology of learning and motivation. Volume 51. Burlington: Academic Press; 2009. p. 187-222.
61. Clearfield MW. Learning to walk changes infants' social interactions. Infant Behav Dev 2011; 34: 15-25.

第3章 他者行動の模倣・再生

1 他者行動の理解から模倣へ

　模倣は，子どもが大人とかかわり合いながら発達していく過程で非常に重要なものである．これまでにも模倣の発達については多くの研究があるが，最近では他者行動の意図理解を含めた模倣について注目が高まっている．

　ここでは，他者の行動からその意図を理解した模倣へと発達していく過程についてみていく．

■ 子どもの他者理解からみた模倣の分類

　古くは，ピアジェ（Jean Piaget）によって記述された模倣の発達過程（表3・1）があり，これは自分の運動レパートリーと時間的な要素を含んだものである．すなわち子どもが普段行なっている行動は模倣しやすく，また時間的に近接しているほど模倣しやすいということになる．しかし，この分類には他者行動の理解という視点は一切含まれていない．

　Carpenter と Call は，模倣を子どもの他者行動の理解という観点から主に4つに分類している[1,2]．この分類は，行為（action），目標（goal），結果（result）の3つの要素のいずれかを理解した行動であるかどうかによって規定される．それによると，まず行動・行為の外見のみを再現する mimicry（action のみ），偶発的に結果のみを再現する emulation（result のみ），目標を理解し，それを再現しようとする goal emulation（goal のみ），行動・目標・結果すべてを理解して再生する imitation である（表3・2）．しかし，emulation と goal emulation を分けることは実際には難しいことが多く，意

表3·1 Piagetによる模倣の観察

1.	0〜1か月:反射的,伝染的なもの(共鳴動作)
2.	2〜3か月:遂行中の行動の即時模倣(turn taking)
3.	4〜12か月:行動レパートリーにある行動で,なおかつ目で見えたり聞くことのできる行動の直接模倣
4.	12か月〜:行動レパートリーにあり,自分の目で見えない行動の直接模倣
5.	自分の行動レパートリーにない行動の直接模倣
6.	延滞模倣

表3·2 他者行動の認識からみた模倣の分類

mimicry	行動・行為の外見のみを再現	actionのみ
emulation	偶発的に結果のみを再現	resultのみ
goal emulation	目標を理解したうえで結果を再現	goalのみ
imitation	行動・目標・結果すべてを再現	action+result+goal

これらの分類は,3つの要素(action, result, goal)によって規定される.
(Carpenter M, et al. Dev Sci 2002; 5: 22-4.[1])

図するか否かにかかわらず結果を再現することをemulationと呼ぶことが多いようである[3].

以下本書では,模倣についてmimicry(形態模倣,ミミックリー),emulation(結果を再現する模倣,エミュレーション),imitation(意図を理解した模倣,イミテーション)の3つの用語を用い,"模倣"という用語はそれらを総称した名称として使用する.

■ 身体模倣の発達── mimicryの発達

これまではmimicryから意図を理解したimitationへと発達していくと考えられることが多かった[4].おそらくそれは新生児模倣の存在や,大人の行動の外見上の動きだけを模倣することのほうが,意図を理解した模倣よりも容易であると考えられてきたからであろう.しかし,最近の研究では子ど

1. 他者行動の理解から模倣へ

a. 目標となった行動

	emulation（音あり）	mimicry（音なし）
見える	A：音+視覚 ・机を叩く ・拍手	C：視覚のみ ・バイバイ ・指の屈伸
見えない	B：音のみ ・"アーーー"という発声 ・"エー，エー"という発声	D：音・視覚なし ・両手を頭へもっていく ・舌出し

b. 目標となった行動

少なくともひとつ模倣できたときの種類
infants matching 1 behavior. N=30

2つ模倣できるようになったときの種類
infants matching 2 behavior. N=39

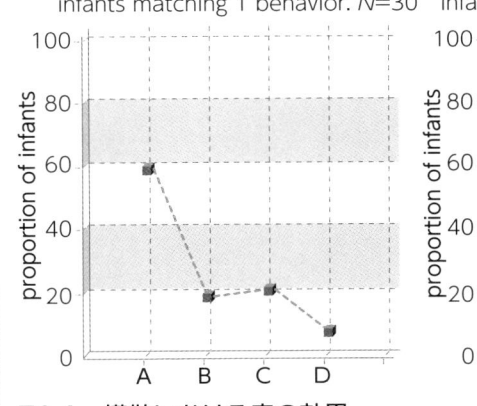

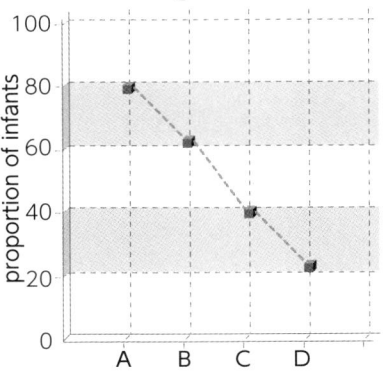

図3・1 模倣における音の効果

モデル提示の種類
A：音+視覚
B：音のみ
C：視覚のみ
D：音・視覚なし

乳児は，まずAの音が鳴って，なおかつ目で見える行動を最初に模倣するようになる．その後，Bの目に見えない音のみの発声行動の模倣，Cの音がなく目で見える行動，Dの音がなく目で見えない行動の順に模倣が可能となる．
(Jones SS. Psychol Sci 2007; 18: 593-9.[5])

第3章　他者行動の模倣・再生

もが他者行動の外見上の動きのみを再現することが，これまで考えられてきたよりも簡単ではないことを示している．

　Jonesは，大人のする簡単な動作の形態模倣の発達について調べている[5]．対象は6〜20か月の子どもで，目標とする行動は目で見えるか見えないか，また音がするかしないかの2つの要素によって4つの領域に分け，それぞれの領域に2つずつ計8つの行動であった．その結果，音が鳴り，なおかつ自分で見える行動が最も模倣されやすく，次に音があって目に見えない発声行動，その次が自分の目で見える音のない行動の順に模倣されやすく，目で見えず音も鳴らない行動が最も困難で，50％以上の子どもができるようになるのは16か月以降であった（**図3・1**）．特に新生児模倣としてよく取り上げられることの多い舌出し模倣は，18か月になるまで半数を超えることはないことが明らかとなった（**図3・2**）．

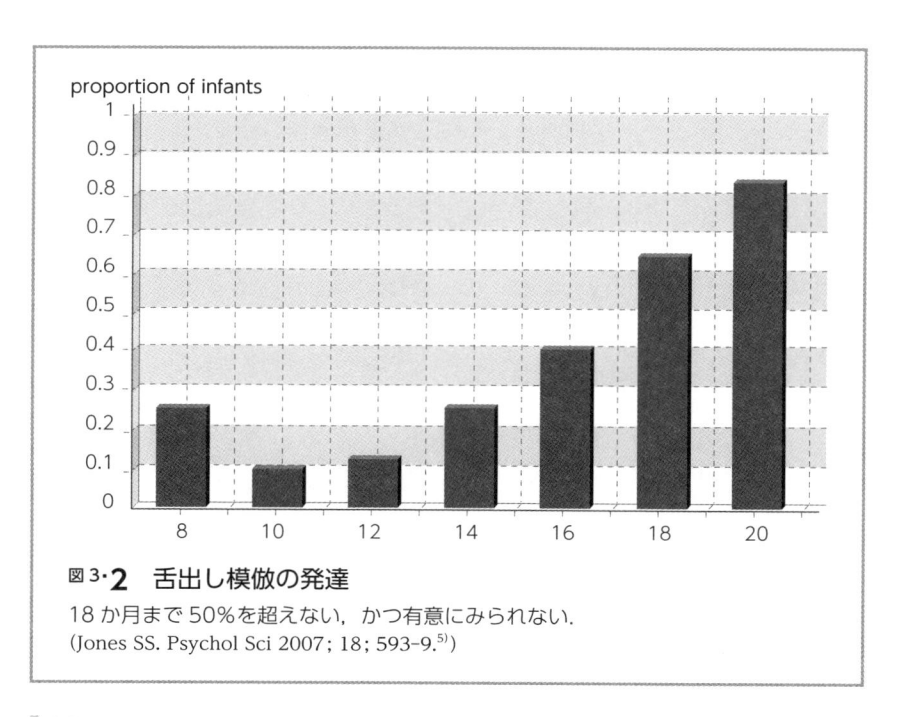

図3・2　舌出し模倣の発達
18か月まで50％を超えない，かつ有意にみられない．
(Jones SS. Psychol Sci 2007; 18; 593-9.[5])

1. 他者行動の理解から模倣へ

このことから mimicry よりも，音を鳴らして再現することのほうが先に可能になることが示唆される．これは音という結果だけを再現するという意味で emulation に相当する[6, 7]．

実際子どもは，発達の初期では他者の行動の結果を再現しようとする傾向がある．子どもにとって模倣の意欲は，他者と同じ"結果"を起こすことであり，その結果に音が付随していない場合，その"結果"は視覚的な動き，つまり形態ということになる．よって mimicry は形態と結果の両方を含んだものとなり，音を再現するだけで形態を正確に再現しなくてもいい音出しの模倣，すなわち emulation よりも難易度が高い可能性が考えられる．

物を使った模倣の発達── emulation の発達

これまで物を使った行動の模倣について調べた報告は多く，生後 6 か月ごろから可能になることが示されている．そして乳児は，その対象物の特性に合わせた行動を模倣する．たとえば，他者が"鈴を振る"行動と"人形を振る"行動を見たとき，6 か月児は前者のほうをより多く再現する[8]．また，社会的に不適切な行動は模倣しない．たとえば"車の玩具を走らせる"行動と"コップを走らせる"行動を見たとき，7.5 か月児は前者のほうをより多く模倣することがわかっている[9]．このようにただ他者の行動を見てその動きをまねるのではなく，対象物に適した動きをしているときにそれを再現する，つまり emulation できるのである．このことは，乳児が生まれてから外部世界のさまざまなものを見てきた経験が，模倣の際にも生かされているということである．

さらに 12 か月になると状況を理解した模倣をするようになる．

Schwier らは，図 3・3 のようにぬいぐるみの犬を家のドアが閉まっていて仕方なく煙突から入れた場合と，ドアが開いている状況で煙突から入れる場合を，それぞれ別の 12 か月児に見せた[10]．その後，ドアが開いている家とぬいぐるみを手わたしたところ，ドアが閉まっている条件を見た 12 か月児の約 55％が煙突からぬいぐるみを入れたのに対し，ドアが開いている条件を見た 12 か月児の 80％以上はドアが開いていても煙突から入れようと

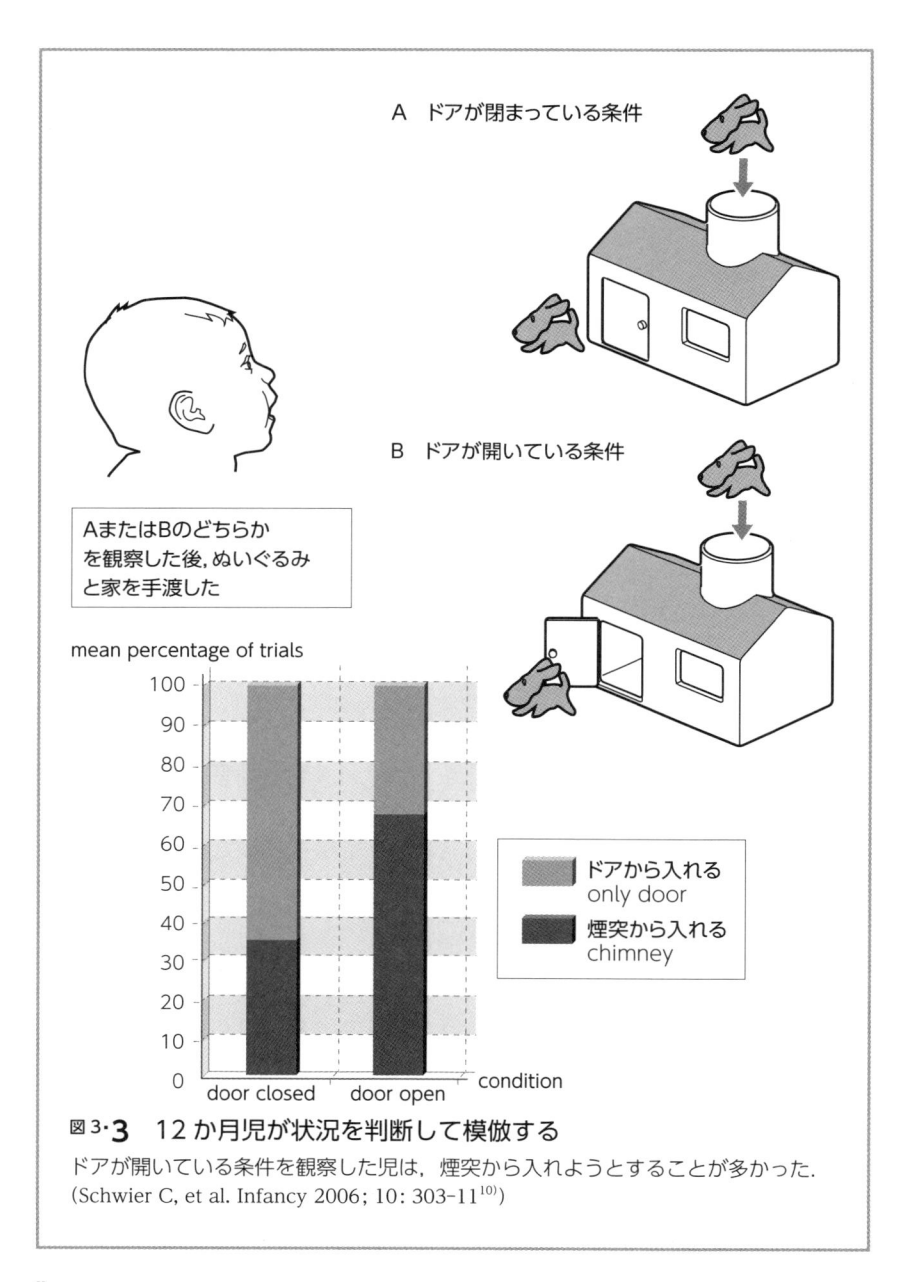

第3章　他者行動の模倣・再生

A　ドアが閉まっている条件

B　ドアが開いている条件

AまたはBのどちらかを観察した後，ぬいぐるみと家を手渡した

図3・3　12か月児が状況を判断して模倣する
ドアが開いている条件を観察した児は，煙突から入れようとすることが多かった．
(Schwier C, et al. Infancy 2006; 10: 303-11[10])

1. 他者行動の理解から模倣へ

したのである．

　これは提示者である大人の行動を見て，ドアが開いているにもかかわらず煙突から犬のぬいぐるみを入れたことには何か意味があると 12 か月児が解釈したために，煙突から入れようとした子どもが多かったと解釈できる．

　以上のように 6 か月から 12 か月までのあいだに，ただ他者の行動と結果を再現するだけでなく，他者が状況に合わせて行動を選択していることに気づき，自分も同じように模倣し行動するようになる．

■ 相手の意図を再現する模倣 —— emulation から imitation へ

　新生児模倣を報告したことで知られる Meltzoff は，18 か月児が，他者が失敗するところを見ても，それを完遂するように再現することを 1995 年に見いだした[11]．これは実際の最終目標状態を目で見ていないにもかかわらず，他者行動の意図を読み取り，その目に見えない意図を再現したことになる．つまり imitation である．最近では 10 か月児においても他者の失敗例から成功を再現できることがわかっている．

　Legerstee と Markova は，他者が入れ物へ玩具を入れようとするところと，入れ物から玩具を出そうとするところの成功する場面と，失敗する場面を 10 か月児に見せた．その結果 10 か月児でも他者が失敗したところを見ても，他者がやろうとしていたことを模倣することが確認された（**図 3・4**）．また，これは成功するところを見たときと同程度の割合であった[12]．このことから 10 か月児でも他者行動の意図を理解し，それを遂行しようとしていることがわかる．この背景には他者との共同作業としての欲求が含まれている可能性がある．後で述べるように模倣は社会的相互作用の手段としての役目も担うのである．その証拠に，この研究ではモデル提示する実験者が着ぐるみを着ている場合には，失敗例を見てもそれを成功するように模倣することはなかったことが示されている．つまり着ぐるみの場合には，社会的に相互作用する存在であるととらえていない可能性が考えられる．

　Carpenter らは，12 か月児は他者が行なった行動が同じでも，その意図を状況によって理解し模倣することを報告している[13]．

使用された道具

人間が実施する場合 / 着ぐるみを着た実験者が実施する場合

タスク	成功する場合 モデル提示前	成功する場合 モデル提示後	失敗する場合 モデル提示前	失敗する場合 モデル提示後
人間が実施する場合				
入れ物に入れる動作	2.84(.84)	4.08(.83)	3.12(1.02)	4.36(.70)
入れ物から取り出す動作	2.78(.66)	4.84(.26)	2.61(.95)	4.71(.71)
着ぐるみが実施する場合				
入れ物に入れる動作	3.12(.40)	4.29(.55)	2.74(.82)	3.40(.74)
入れ物から取り出す動作	2.94(.73)	4.71(1.13)	2.77(.63)	2.71(.96)

図3・4 10か月児でも失敗例から正しい目標を模倣できる

実験者が入れる,または取り出すのに成功するところや失敗するところのいずれかを見せた後,乳児にやってもらったところ,どちらも相手の意図を読んで成功させた.しかし,モデル提示する実験者がぬいぐるみであった場合,失敗するところを見ても,乳児はそれを成功させるように模倣することはなかった.

(Legerstee M, et al. Infant Behav Dev 2008; 31: 81-91 [12])

1. 他者行動の理解から模倣へ

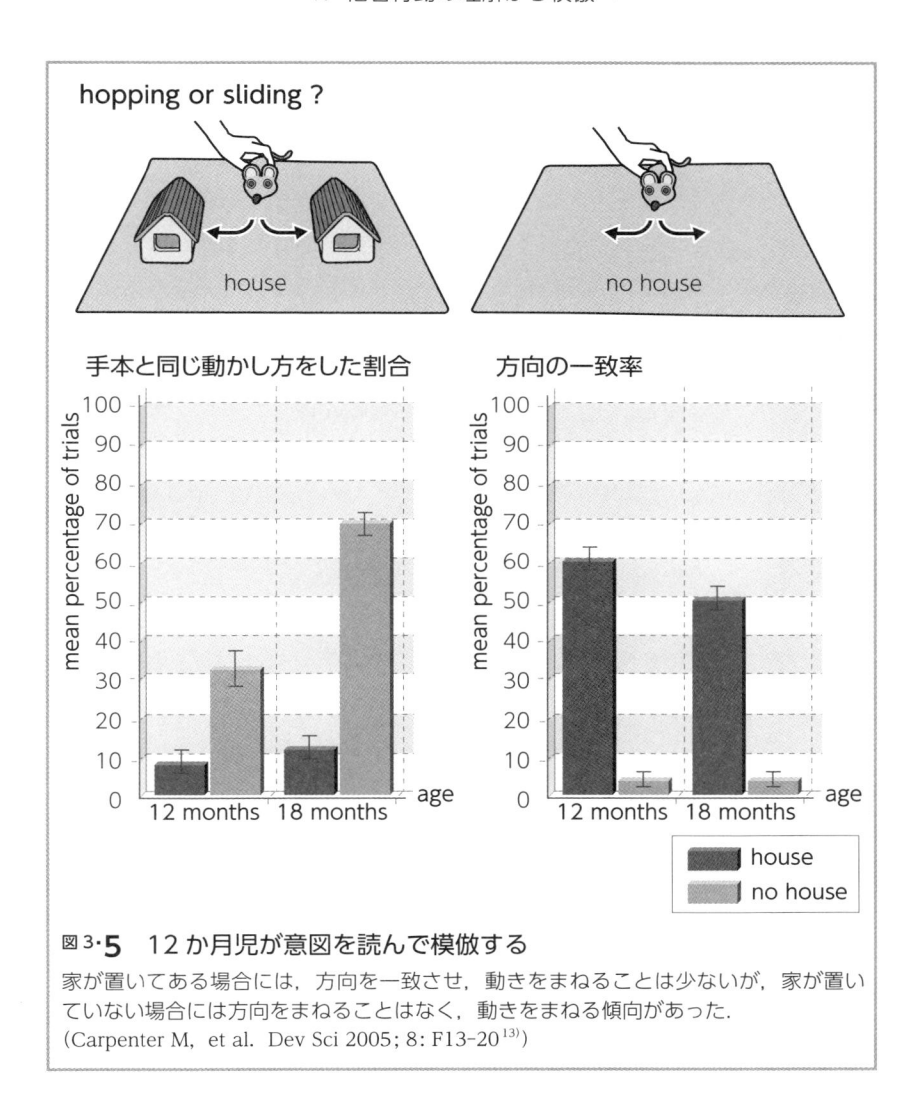

図3・5 12か月児が意図を読んで模倣する
家が置いてある場合には，方向を一致させ，動きをまねることは少ないが，家が置いていない場合には方向をまねることはなく，動きをまねる傾向があった．
(Carpenter M, et al. Dev Sci 2005; 8: F13-20[13])

図3・5のように真ん中にネズミのぬいぐるみを置き，左右に2つの家を置いてそのどちらかの家に入れる条件と，家は置かずにぬいぐるみだけを同じように左右どちらかの空間へ動かす条件のいずれかを12か月児に見せた．さらにぬいぐるみを移動するときの動かし方は2通りあり，滑らせる

ように動かす場合とピョンピョンと跳ねるように移動させる場合があった．その後，子どもにぬいぐるみをわたしてどのように行動するかを見たところ，家がある条件を見た子どもは左右の方向を一致させて移動させることが多く，動かし方をまねることは少なかった．一方，家がない条件を見た子どもは，動かし方をまねることが多く，運動方向を一致させることは少なかった．つまりモデルとなる動きは外見上まったく同じでも，設定された状況によって動かし方をまねる場合と，動きの方向をまねる場合があるのである．

このことから12か月児は，設定された状況から大人が何を意図して行動しているのかを理解し，それを模倣できることが示唆される．これらは他者の動きそのものを単純にまねることとは違い，相手の意図を再現するという意味で emulation とは異なるものである．すなわちこれが imitation である．

■ imitation から共有行動としての模倣へ

1歳以降，他者の意図を読み取った模倣をするようになり，2歳までに他者の行動をまねることに意味を見いだすようになる．たとえばチンパンジーは餌を手に入れるために他者の行動を見て，そこから効率的な手段のみしかまねしないが，2歳児は大人の見せる行動が目的達成のためにたとえ非効率的とわかっていてもまねをする傾向があることが知られている[14]．これは他者のする行動に意味を見いだし，それを共有しようとする行動であると解釈されている．

相手の欲求や意図を理解してそれを模倣する imitation から，共有行動としての模倣への発達である．

Nielsen は，この imitation から共有行動への発達過程を巧妙な実験によって明らかにしている[15]．

実験に使われた装置は，フタのついた3つの箱で，箱の中には玩具が入っている．3つの箱のフタは，それぞれ異なるある決まった動作をすることにより開けることができるようになっており，子どもが観察する条件は3つあった．

1. 他者行動の理解から模倣へ

1つは何も手本を見せない条件（no model 条件），2つめは大人が手でフタを開けるところを見せる条件（hand 条件），3つめは大人が物を使ってフタを開ける条件（object 条件）であった．

それを12か月，18か月，24か月児のグループにそれぞれ見せた後，実際に子どもにやらせてみた．その結果，no model 条件，hand 条件ともに月齢とともにフタを開けられた回数は増加した（図3・6）．一方，object 条件においては，12か月児は24か月児と同じくらいフタを開けることができた．しかし，その手段をよく見てみると，24か月児はモデルと同じように物を使って開けようとして失敗していたが，12か月児はほとんど物を使わずに手で開けることが多かった．つまり12か月児はフタを開けるのに物を使って開けるというモデル提示にもかかわらず，最も効率的な手段，すなわち手で開けようとした結果であると考えられた．

そこでこの研究の実験2では，12か月児でも適切な理由があれば物を使って開けようとするかどうかを調べるために，大人が初めに手で開けようとして失敗し，その後物を使うと開けることができる場面を見せたところ，12か月児でも物を使ってフタを開けようとすることがわかった．これらの結果から，12か月児は自分にとって目的を達成するために最も効率的な方法を選択するのに対し，24か月児は大人と同じ行動をまずやってみて経験を共有しようとする傾向があると解釈できる．この解釈をさらに明確なものとするためにさらに実験3が行なわれている．

実験3では，もし効率的な模倣から経験共有のための模倣への転換期が生後18か月ごろにあるなら，モデルを提示する実験者の子どもに対する態度によって影響を受ける可能性が考えられる．なぜなら，自分に対して好意的でない相手とは経験を共有しようとは思わないだろうと考えたわけである．そこでモデル行動を提示する実験者が社会的に親密な態度をとる場合（social 条件）と素っ気ない態度をとる場合（aloof 条件）の2つの条件を設定して同じようにフタ開け模倣が調べられた．

その結果，まずフタを開けた回数は24か月児において aloof 条件よりも social 条件で有意に多かった．次に物でフタに触れた回数は，24か月児で

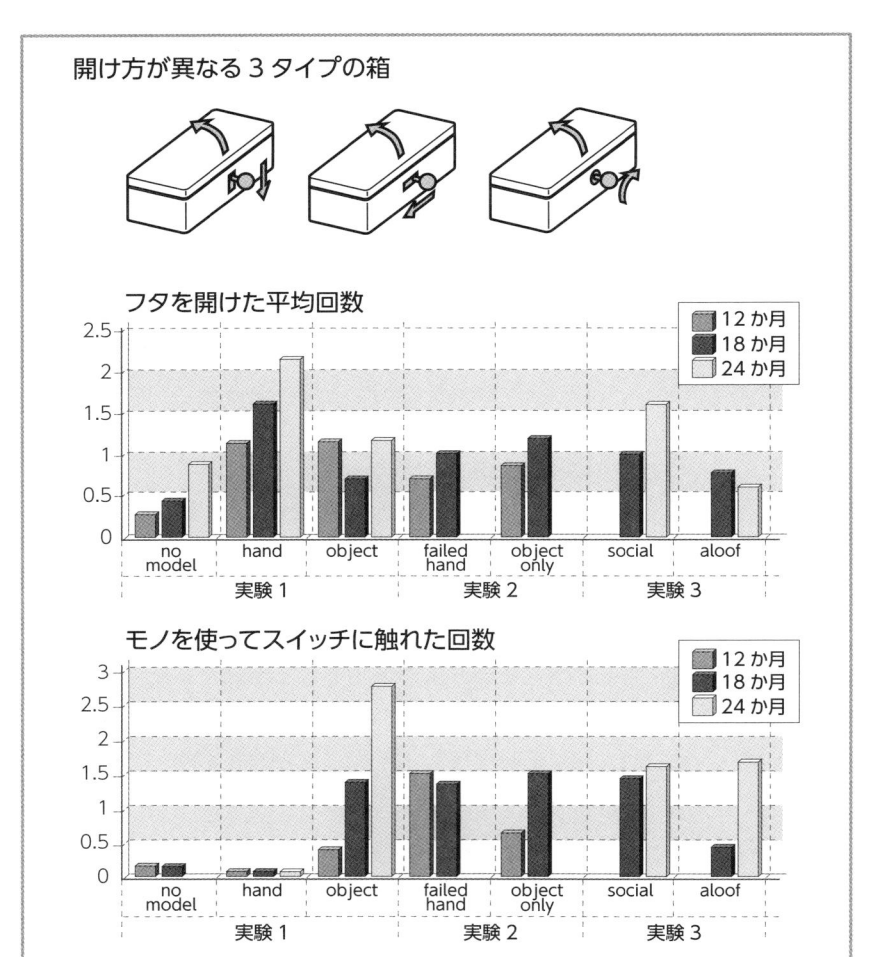

図 3・6　imitation から共有行動としての模倣の発達

実験 1：no model 条件と hand 条件では，フタを開けた回数が月齢とともに増加しているのに対し，object 条件では 12 か月児と 24 か月児で同程度フタを開けられていることに注目．これは 12 か月児が手で開けているためである．
実験 2：手で開けようとして失敗し，物を使って成功する場面（failed hand 条件）を見せたところ，12 か月児でも物を使おうとすることがわかった．
実験 3：相手の態度によってフタを開ける回数が変化することに注目．物を使う回数も 18 か月児では変化する．
(Nielsen M. Dev Psychol 2006; 42: 555-65.[15])

1. 他者行動の理解から模倣へ

は aloof 条件と social 条件で違いは認められなかったが，18 か月児においては social 条件より aloof 条件で有意に少なかった．

このように 18 か月児では他者と経験を共有しようとする行動はまだ発達途上であり，その証拠に他者との関係性に影響を受けやすいことが明らかとなった．また，24 か月児で social 条件と aloof 条件で物を使ってフタに触れた回数に違いがみられなかったのは，24 か月児では他者との関係性構築のための手段として模倣を使うようになるからであると解釈されている．

他者と同じ行動をたとえそれが無意味であるとわかっていてもまねをし，他者と経験を共有しようとする行動は 2 歳くらいまでにみられるようになる．

Uzgiris によると，模倣の発達は 2 つの機能の発達的転換があることが指摘されている[16]．すなわち"幼児期前半は世界の出来事について学習するという認知的動機を満たすために模倣するのに対し，幼児期後半になると対人関係において社会的動機を満たすために模倣する，すなわち他者と経験を共有しようとする"傾向がある．

■ 模倣に影響を与える因子

mimicry では音がひとつの重要な要素であることを述べたが，物を使った模倣においても音の存在が重要となる．また，先の Nielsen の研究でも示されたように，モデル提示する大人の態度やその存在にも影響を受けやすいことがほかの研究からも明らかとなっている[17, 18]．そこでモデル提示をする大人との社会的親密度と音の効果の関連について調べた唯一の研究がある．

Devouche は 9 か月の乳児を対象に，実験をする前にモデルを提示する実験者と遊ぶ時間を設けるか否かと，音のあるなしで組み合わせられた 4 条件を設定して模倣行動を調べた[19]．

実験条件は図 3・7 にあるようにモデル提示する実験者と遊ぶ経験があり，ターゲットとなる行動に音がある"相互作用＋音"条件，遊ぶ経験のない"音のみ"条件，遊ぶが音の鳴らない"相互作用のみ"条件，そしてコント

第 3 章 他者行動の模倣・再生

条　件	ウォームアップ 2〜3分	遊ぶ時間 平均6分	手本提示 10秒	再生 30秒
相互作用+音	+	+	音あり	音なし
音のみ	+	−	音あり	音なし
相互作用のみ	+	+	音なし	音なし
コントロール	+	+	−	音なし

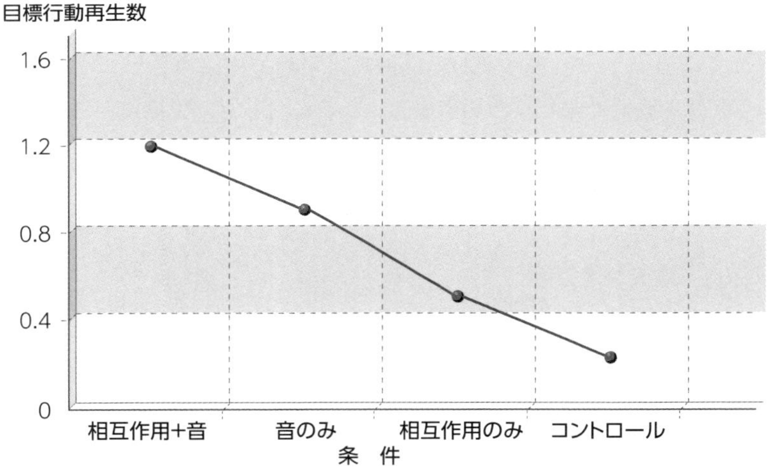

図3・7　初期の emulation における音と社会的親密度の影響
(Devouche E. Dev Sci 1998; 1: 65-70.[19])

ロール条件であった．ターゲットとなる行動は，箱を振って音を鳴らす，ボタンを押して音を鳴らす行動の2つである．

　実験の結果，大人の行動を見て模倣した回数は音と社会的相互作用ありの条件で最も多く，次に音のみ，社会的相互作用のみ，コントロールの順で多

かった（図3・7）.

　このように9か月の時点の模倣行動は，それが emulation であってもすでに社会的な動機を含んでいる可能性がある．あるいは，共鳴動作の一種と考えられている新生児模倣の段階でも社会的なやりとりのなかで新生児の反応性が向上していくことも指摘されていることから，出生直後から模倣は社会的動機を含んだものである可能性も考えられる[20]．

まとめ──模倣の発達過程

　これまでみてきたように模倣は結果を再現しようとする emulation と意図を再現しようとする imitation，さらに他者との経験共有行動のための模倣へと発展する．そのなかで mimicry は外見的な結果を再現するという意味で，emulation に含まれるのではないだろうか．つまり音を再現する emulation と mimicry は，ただ結果のモダリティが異なっているだけの違いなのである．

　意図を再現する imitation から経験共有的な真の模倣行動への発達は，共感を生み出す源である．そして共感は後に予測的となり心の理論の獲得へとつながる．

　発達初期の模倣行動は，おそらく外見的な動きをまねしようとするのではなく，他者のしたことと同じ結果を生み出そうという emulation の意欲・動機により起こるのであり，それが結果的に外見上の類似性を生み出すのではないだろうか．つまり模倣行動の外見上の類似性は，同じような身体構造を持ち合わせているがゆえの偶発的な結果である可能性がある．それは歩行をはじめとする運動発達や物を操作する知的発達にも共通して起こるメカニズムであると考えられる．

2　模倣から自己の認識へ

比較認知科学からみた模倣と自己身体認識──社会的身体表象

　サルは他者の行動を模倣することが困難なことが知られているが，認知模倣と呼ばれる運動学習を必要としない模倣ができることが指摘されている[21]．

第 3 章　他者行動の模倣・再生

認知模倣とはある決められた順序などのルールを学習し，それを再現する能力のことである．一方，ヒトは身体模倣から認知模倣へという発達の流れが存在する．このことは他者行動を自分の行動として置き換え，他者の意図を読み取ることでその法則性を理解し，再現するというサルとは異なった戦略を用いて認知模倣を獲得することを示している．

チンパンジーとヒトの模倣の違いについては前にも触れたが，チンパンジーは観察によって目標達成のために効率的な方法，つまり他者の行為よりもその物と物の関係性についてのみ学ぶが，ヒトの子どもはその他者行動そのものに注目して模倣するという特徴がある．これはチンパンジーが物と物の関係性を emulation によって再現するため，物を自分の身体部分に関係づけたり，物を単独で操作したりといった行動を再現することには困難があることからもわかる[22, 23]．つまりヒトの子どもだけが"身体の動き"だけからなる行為，すなわち身振りの模倣を発達させるのである[24]．これは身振りから言語が生まれたとする仮説ともつながる．

これらのことから，ヒトのみが他者身体と自己身体を対応づけることが可能であり，他者の行動と自分の行動を比較して，それを重ね合わせる能力ももつことがわかる．それが自己身体の動きを外から見た視覚的なイメージの形成や自己身体の認識へとつながっていく．つまり模倣を通して他者の身体と自己の身体の類似性を認識し，結果として自己の動きの視覚的イメージを獲得していくと考えられるのである．これは他者との比較照合によって得られるため"社会的身体（表象）"と呼べるものである．

■ 子どものミラーニューロンシステム

他者の行動と自分の行動が同じであるという認識を支えている神経基盤として，ミラーニューロンシステム（mirror neuron system）の存在があげられる[25, 26]．ところが子どもの mirror neuron system の活動を示した研究は非常に少ない．これはおそらく幼い乳児を対象とした脳機能イメージング研究の困難さが影響していると思われる．

他者行動観察時に mirror neuron system が活動している指標としてあげ

2. 模倣から自己の認識へ

られるのが，脳波に認められるミューリズム（Mu〈μ〉rhythm）の減衰である．これは行動の準備や実行の際にその振幅が減少するというものである．つまり自分が行動を起こしているときにも，またその行動の準備状態すなわち運動をイメージするときにもμリズムの抑制が起こることが知られている[27]．そこで他者行動を観察しているときにこのμリズムの減衰が認められれば，他者行動を自分の行動と対応づけていると解釈され，mirror neuron systemの活動の現れとされる．

Southgateらは，生後9か月の乳児を対象に自分がリーチング行動をしているときと他者のリーチング行動を見ているときのα波を調べた．乳児ではαリズムが成人のμリズムと同じような特性をもつことが指摘されており，乳児のμリズムと解釈されている．

実験の結果，9か月児において自分の行動と他者行動の観察時に同じようにαリズムの減衰がみられたことから，これは運動の予測や目標の帰属に関係しているのではないかと考察されている[28]．さらにSouthgateらは，目標志向的な行動が予測できるときにのみ乳児のαリズムが減衰することを見いだしている[29]．

この研究では9か月児を対象に，モデルの2つの行動を2つの条件で観察させた．

2つのモデル行動とは，何かをつかもうとする運動と手を裏返しにして伸ばす運動で，それぞれ最終的な結果は隠れて見えない条件と，隠れるものも目標物もないパントマイム条件の2条件があった．その結果，最終状態は隠れて見えないが何かをつかもうと手を伸ばす行動を見たときのみαリズムの減衰が起こることがわかった（図3・8）．

このことから脳の感覚運動領域の賦活が目標志向的な運動を見たときのみ起こっていることがわかり，これは最終的な目標状態を予測している可能性が示唆される．つまりただ他者行動を観察するだけでは自己の運動との対応づけは起こらず，自分のこれまでの運動経験と重ね合わせて他者行動の意図を解釈している可能性が考えられるのである．

脳の血流の変化によって脳の活動状態を調べる近赤外線分光法（near-

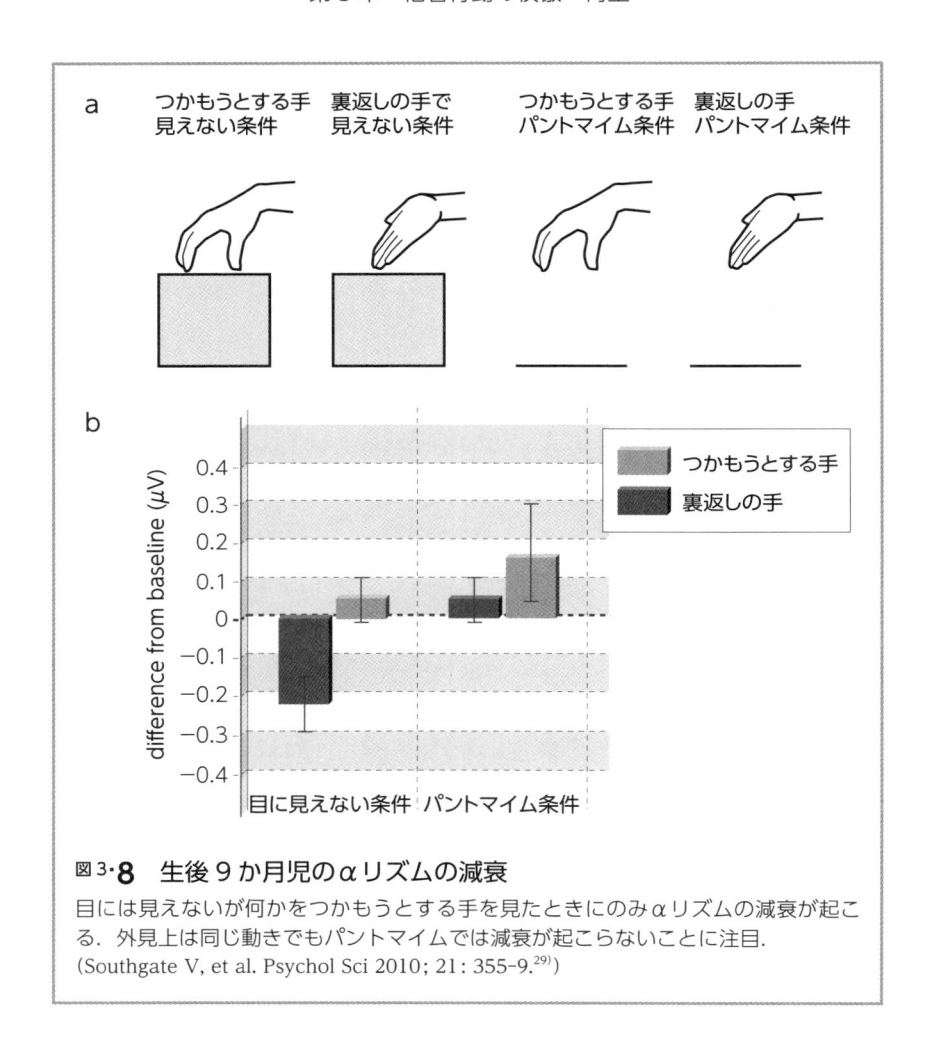

図3・8 生後9か月児のαリズムの減衰
目には見えないが何かをつかもうとする手を見たときにのみαリズムの減衰が起こる．外見上は同じ動きでもパントマイムでは減衰が起こらないことに注目．
(Southgate V, et al. Psychol Sci 2010; 21: 355-9.[29])

infrared spectroscopy；NIRS）を用いた研究では，7か月の乳児が他者行動を観察しているときに脳の運動野周辺領域で活動がみられることが見いだされ，これはmirror neuron systemの活動を反映したものであるとされている[30, 31]．

■ 自己身体と他者身体の同型性・相補性から生まれる自己認識

　乳児は出生直後から自己と他者とのやりとりを通して，他者の行動に注意を向け，それを自己に回帰して自らの行動を修正・変更していく．そしてこの過程こそが，人間の社会性の発達，運動発達，知的発達すべての発達の基盤となる経験構造であると考えられる．その過程で自己の大まかな視覚的イメージが作られる可能性がある．

　もしかすると子どもは幼いときから他者と経験を共有しようとしているのかもしれない．それは同じような身体をもつがゆえに，お互いの行動に注意を向け，それに応答し，または応答されるという経験のなかで，結果的に自己身体と他者身体が共鳴し合い，さらに同型性を意識していくという過程が存在すると思われる．たとえば私たちは普段，自分は周りの皆と同じように歩いていると思っているが，実際の自分の歩き方や走り方を視覚的にはっきりとイメージできる人はいないであろう（普段から自分のフォームをビデオに撮って見るスポーツ選手などは別として）．自己身体を第三者的に見ようとしたメタ認知の像は，生来他者身体との同型性や相補性によって見てきた他者像から得られたものである可能性が高い．そしてそれをあたかも自分も同じであると認識してしまう能力を人はもっているのかもしれない．

　つまり自己認識は他者とのやりとりのなかで生まれる．これまでみてきたように自己認識と他者認識は相互に影響を及ぼし合いながら発達していくのである．

■ 文　献

1. Carpenter M, Call J. The chemistry of social learning. Dev Sci 2002；5：22-4.
2. Carpenter M, Call J. Comparing the imitative skills of children and non-human apes. Revue de primatologie 2009；1.
3. Tomasello M. The cultural origins of human cognition. Cambridge, MA：Harvard University Press；1999.
   大堀壽夫 ほか訳. 心とことばの起源を探る：文化と認知. 勁草書房；2006. p. 32-46.
4. 大藪　泰. 赤ちゃんの模倣行動の発達：形態から意図の模倣へ. バイオメカニズム学会誌 2005；29（1）：3-8.

5. Jones SS. Imitation in infancy: the development of mimicry. Psychol Sci 2007; 18: 593-9.
6. Jones SS. The development of imitation in infancy. Philos Trans R Soc Lond B Biol Sci 2009; 364: 2325-35.
7. Heyes C. Causes and consequences of imitation. Trends Cogn Sci 2001; 5: 253-61.
8. von Hofsten C, Siddiqui A. Using the mother's actions as a reference for object exploration in 6- and 12-month-old infants. British Journal of Developmental Psychology 1993; 11: 61-74.
9. Killen M, Uzgiris I. Imitation of actions with objects: The role of social meaning. The Journal of Genetic Psychology: Research and Theory on Human Development 1981; 138: 219-29.
10. Schwier C, et al. Rational imitation in 12-month-old infants. Infancy 2006; 10: 303-11.
11. Meltzoff AN. Understanding the intentions of others: re-enactment of intended acts by 18-month-old children. Dev Psychol 1995; 31: 838-50.
12. Legerstee M, Markova G. Variations in 10-month-old infant imitation of people and things. Infant Behav Dev 2008; 31: 81-91.
13. Carpenter M, et al. Twelve- and 18-month-olds copy actions in terms of goals. Dev Sci 2005; 8: F13-20.
14. Horner V, Whiten A. Causal knowledge and imitation/emulation switching in chimpanzees (Pan troglodytes) and children (Homo sapiens). Anim Cogni 2005; 8: 164-81.
15. Nielsen M. Copying actions and copying outcomes: social learning through the second year. Dev Psychol 2006; 42: 555-65.
16. Uzgiris I. Two functions of imitation during infancy. Int J Behav Dev 1981; 4: 1-12.
17. Brugger A, et al. Doing the right thing: infants' selection of actions to imitate from observed event sequences. Child Dev 2007; 78: 806-24.
18. Király I. The effect of the model's presence and of negative evidence on infants' selective imitation. J Exp Child Psychol 2009; 102: 14-25.
19. Devouche E. Imitation across changes in object affordances and social context in 9-month-old infants. Dev Sci 1998; 1: 65-70.
20. Nagy E, et al. Index finger movement imitation by human neonates: motivation, learning and left-hand preference. Pediatr Res 2005; 58: 749-53.
21. Subiaul F, et al. Cognitive imitation in rhesus macaques. Science

文 献

2004; 305: 407-10.
22. Myowa-Yamakoshi M, Matsuzawa T. Factors influencing imitation of manipulatory actions in chimpanzees (Pan troglodytes). J Comp Psychol 1999; 113: 128-36.
23. Myowa-Yamakoshi M, Matsuzawa T. Imitation of intentional manipulatory actions in chimpanzees Pan troglodytes. J Comp Psychol 2000; 114: 381-91.
24. 明和政子. 模倣はいかに進化してきたのか？：比較認知科学からのアプローチ. バイオメカニズム学会誌 2005; 29(1): 9-13.
25. Rizzolatti G, et al. Premotor cortex and the recognition of motor actions. Brain Res Cogn Brain Res 1996; 3: 131-41.
26. Rizzolatti G, Craighero L. The mirror-neuron system. Annu Rev Neurosci 2004; 27: 169-92.
27. Pfurtscheller G, et al. Mu rhythm (de) synchronization and EEG single-trial classification of different motor imagery tasks. Neuroimage 2006; 31: 153-59.
28. Southgate V, et al. Predictive motor activation during action observation in human infants. Biol Lett 2009; 5: 769-72.
29. Southgate V, et al. Motor system activation reveals infants 'online prediction of others' goals. Psychol Sci 2010; 21: 355-9.
30. Shimada S, Hiraki K. Infant's brain responses to live and televised action. Neuroimage 2006; 32: 930-9.
31. 子安増生, 大平英樹 編著. 自己身体はどのように脳内で表現されているのか？ミラーニューロンと〈心の理論〉. 新曜社; 2011. p. 21-57.

終章 発達科学から発達リハビリテーションへ

1 原始反射の再考

　これまでの発達神経学では，子どもの運動発達は反射の統合であると考えられてきた．つまりヒトは出生時に，ある刺激に対して一定の反応をする原始反射と呼ばれる行動パターンをいくつか持って出生し，それが脳の成熟により統合されたり消失したりすることで運動発達が起こるとされてきたのである．これは中枢神経の階層モデルがもとになっている．このモデルでは，出生後まもなくは大脳皮質が未成熟であるために，中枢神経のなかでも脊髄や脳幹などの低次のレベルによって支配されている原始反射が新生児の行動を支配しており，それが後に成熟してくる大脳皮質によって抑制されるとされる．そのため小児のリハビリテーションにおいても反射を抑制したり促通したりする治療が主になってきた．しかし，近年の脳機能イメージング研究により出生直後から大脳皮質が機能していることが示されており，原始反射の存在自体にも疑問が投げかけられている[1-2]．

　以下，原始反射のいくつかについて考察する．

■ 原始歩行

　原始歩行は，生後2～3か月までの乳児を抱えて足底を床に着けて前傾させると歩行のようなステップ反応が生じるものである．原始歩行の出現や消失についてはかなり以前から中枢神経の成熟だけでは説明がつかない現象が報告されている．

　Thelenらは，原始歩行が消失した乳児の下肢をお湯の中に入れると原始歩行が再度出現することを見いだした[3]．これは原始歩行のステッピングの消失が下肢の重

量増加によって出現しにくくなっているだけであることを示している．また，消失したはずのステッピング反応がトレッドミル上に乗せると出現することや，原始歩行を継続して練習していると消失しないことも指摘されている[4]．

さらに最近，新生児の原始歩行が光学的流動と呼ばれる自分が前進しているような周辺視野の流れの提示によっても出現することが明らかになっている．これは視覚刺激によってステッピング反応が出現するという意味で，出生直後から視覚情報と運動情報が関連している可能性を示唆している[5]．

■ 口唇探索反射

口唇探索反射は，口周囲への接触刺激に対して，それに吸いつこうと頭部を回旋させる反応のことである．これについては第1章で紹介したように胎児の予期的口開け行動（図1・3; p. 12）や新生児において対象が自分の指の場合には口唇探索反応が少ないことが明らかとなっている．また，出生直後では生起率が30％程度で，その後授乳を経験することにより学習されて生起率が上がっていくことも示されている[6]．これらの知見は，口唇探索反射が決まりきった反応ではなく，学習されるものであることを示唆している．

■ 把握反射

把握反射は，手に接触刺激が入ってきた場合に手を握りしめる反応のことである．これまでの研究で新生児は，手に触れた物の特徴によって握り方を変えることが明らかになっている．たとえばRochatは新生児の手に軟らかいチューブと硬いチューブを握らせてその握り方を調べたところ，軟らかいチューブは弱い力で何度も握る傾向があったが，硬いチューブの場合は持続的に強く握る傾向があることを見いだしている[7]．また，MolinaとJouenは，テクスチャーの異なるチューブ，すなわち突起のついたチューブとついていないチューブを握らせたところ，突起のついていない滑らかなチューブのほうを強く握る傾向があった[8]．さらに左右の手に同じテクスチャーのチューブを握らせたときより左右の手に異なるチューブを握らせたときに，

右手の握る力を変化させることが明らかとなった．これは左右の手から得られる接触による情報を比較する行動であると解釈されている[9]．

■ 姿勢反射

ほかにも，姿勢反射と呼ばれる全身の反応がある．新生児では頸部の向きに対して四肢が特定の肢位をとる緊張性頸反射があり，そのなかでも非対称性緊張性頸反射（asymmetrical tonic neck reflex；ATNR）と呼ばれる姿勢が大脳皮質の未熟な時期や脳に損傷を負った子どもには有意にみられるとされている．しかし，このATNRの優位性も科学的に証明されているわけではない．小西らは，未熟児の姿勢をコード化して記録したところ，ATNRと呼ばれる特異的な姿勢が優位にみられる訳ではないことを報告している．そしてこれは出生後早期に脳に損傷を負った未熟児でも同様であった[10]．また，Cloptonらは，新生児の頭部を左右どちらかに他動的にしっかりと回旋させても完全な四肢のATNR姿勢はたった4.9％しか現れなかったことを明らかにしている[11]．さらに新生児は顔を左右どちらかに向け，向いたほうの手を頻繁に口に持っていくことが観察されるが，この姿勢自体ATNRと相反するものである．これらのことから姿勢反射は新生児期に優位にみられるものではなく，さらに脳の損傷を示す指標としても信頼性が低いことがわかる．したがって原始反射の出現や消失で乳児の運動発達を説明できるものではない．

　これらの知見から言えることは，原始反射と呼ばれている行動であっても，新生児は周りの環境から得られる情報によって柔軟に行動を変化させることができることである．新生児といえども決して刺激に対して決まった紋切り型の行動に支配されているわけではない．小児リハビリテーションを実施する場合，セラピストはこの事実を当然念頭に置いておくべきである．運動発達にはそれを支える身体表象の発達，認知発達が重要であり，セラピストはその目に見えない部分に注目し，評価していく必要がある．

終章　発達科学から発達リハビリテーションへ

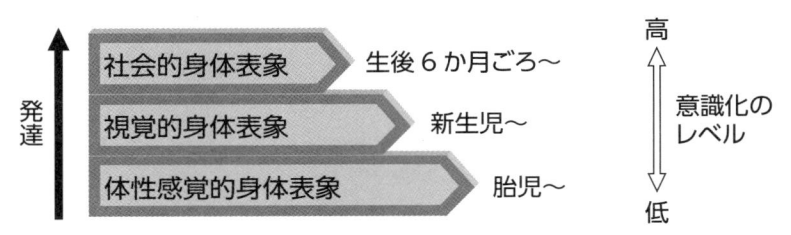

図1　身体表象の発達過程
体性感覚的身体表象はダブルタッチなどの運動経験により形成され，それが後に自己身体の視覚的フィードバックと統合され，視覚的身体表象へと発展する．その後，模倣などのやりとりを通して社会的なフィードバックによる社会的身体表象が絡んでくる．

2　身体表象の発達過程

　本書において，これまでみてきたように健常な乳幼児は，母親の胎内にいるときから体性感覚的に自己身体を知っていくことで体性感覚的身体表象（身体図式）を形成し，出生後に視覚と統合された視覚的身体表象（身体イメージ）を構築していく．その後，他者との模倣を通したやりとりのなかで社会的身体表象が形成され，それは最終的には客観的に自己を意識するというメタ認知へと発達する（図1）．

　この発達の流れは，発達心理学者ブルーナー（Jerome Seymour Bruner）が提唱した3つの表象発達過程とも一致する（図2）[12]．初めの"動作的表象（enactive representation）"は，習慣的動作に対する表象で体性感覚に基づいた手続き記憶のような表象形式である．次に"映像的表象（iconic representation）"は，動作から解放されたイメージによる表象とされ，基本的に視覚的イメージに根ざしたものである．最後に"象徴的表象（symbolic representation）"は，動作やイメージを言語に翻訳する際の表象で，他者との共通の概念をもった表象形式をもつ．これら3つの表象は

102

2. 身体表象の発達過程

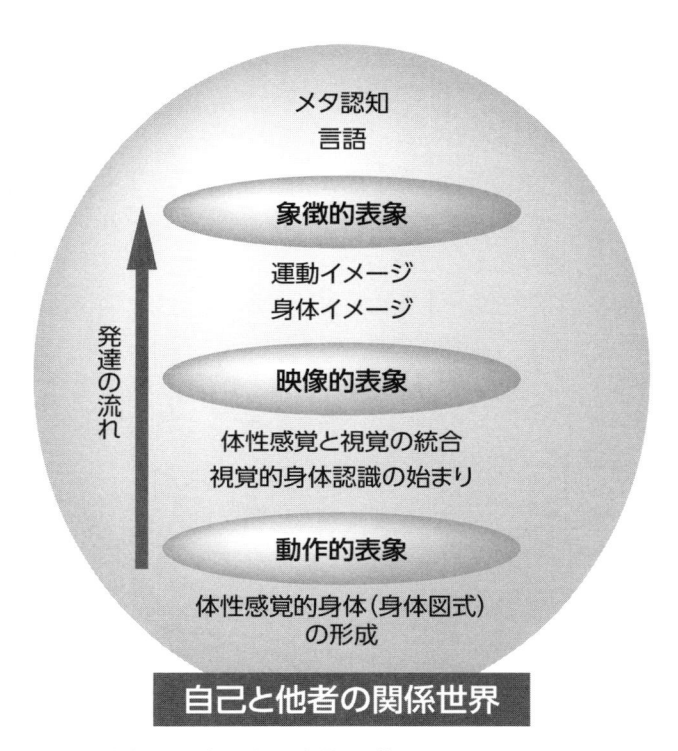

図2 表象の発達過程と身体認識
ヒトは胎児の段階からすでに他者とのかかわりのなかで学習が進んでいる．その後，すべての発達において他者性を帯びたものとなっていく．

発達的順序性をもつが，それぞれが独立性をもって，併存し，相互に変換が可能であるとされる[13]．この過程で基本となるのは当然体性感覚に基づいた身体表象であり，経験とともにその視覚的イメージが付与され，さらに意識化されメタ認知となる．そしてこの過程では他者との相互作用経験が重要な役割を担っている．

しかしながら出生後早期に脳に損傷を負った子どもや，先天的に脳に異常のある発達障害児は，この表象の発達にアンバランスが生じている可能性がある．

終章　発達科学から発達リハビリテーションへ

リハビリテーションへの指針

　現在のリハビリテーションの現場には運動障害をもつ子どもだけでなく，知的障害児や広汎性発達障害をもつ子どもなど，さまざまな病態をもつ子どもたちがいる．これらのさまざまな病態に対して，それぞれ異なった考えのもとにアプローチをすることは適切だろうか．

　どんな病態をもつ子どもであれ，生まれ出てから他者と関係性をもちながら発達することに変わりはないはずである．それならば，どんな障害をもつ子どもにおいても"発達"という現象を念頭に置いて考えることが重要となろう．

　たとえば運動障害をもつ子どもならば第1章でみたように，体性感覚をもとにした身体認識が不十分になっている可能性が高く，そのために動きのレパートリーも制限されているケースも多いのではないだろうか．運動発現と体性感覚的な身体認識は相互に影響を及ぼし合っているのである．

　これは生態心理学の創始者ギブソン（James Jerome Gibson）が述べた"私たちは動くために知覚するが，知覚するためにはまた動かなければならない"という言葉そのものである．

　すなわち知覚と運動の循環が必要である．運動を生みだすのは獲得された身体表象であるため，身体表象の形成が不十分な場合には身体表象を形成するための知覚-運動経験が必要となる[14]．よって子どものリハビリテーションにかかわるセラピストは，筋の緊張や運動の欠如，身体構造の変形など外部から目に見える要素のみに注目するのではなく，発達途上にある身体表象や子ども自身が外界とどのような経験をしてきたことで，自己身体や外部環境をどのようにとらえているかにも注目すべきである[15]．

　知的障害をもつ子どもは，体性感覚に基づいた身体表象は獲得されているが，視覚的に注意する能力に制限があることが多く，結果的に視覚的にコントロールしながら学習していかなければならない手の巧緻動作や，他者行動の詳細な観察によって学習しなければならない複雑な操作を必要とする課題の獲得が困難となってしまう．さらに知的障害が重度の場合，自己の身体表

2. 身体表象の発達過程

象は獲得されるものの，外界への知覚的な学習が阻害されてしまうため，外界を探索していく意欲を得ることなく，結果的に運動面にも発達遅滞が及ぶことになる．

いずれにしても，運動発達や知的発達のためには自己の体性感覚的身体表象と視覚的身体表象，視覚的な他者行動への注意と認識が必要なことは，これまでの発達科学の知見からも明白である．

子どものリハビリテーションにおける他者の役割

子どもは生まれ出た直後から他者と出会い，他者とかかわりをもつことで，他者から影響を受けたり，いろいろなことを学習したりしながら発達していく．それは筋力やバランス，移動能力などの運動発達や物を扱う知的発達に至るまで，一見すると社会的要素とはまったく関係のないと思われる能力の発達にも間接的に影響している．なぜならそれらの発達は，自己の身体表象や他者の身体表象が基礎となっているからである．そしてそれをつなぐ能力が"模倣"である．

発達心理学者のヴィゴツキー（Lev Semenovich Vygotsky）が主張したように，序章で取り上げた"精神間作用から精神内機能へ"という考えだけでなく，"発達の最近接領域"という概念がリハビリテーションを考えるときに非常に重要となる．

"発達の最近接領域"とは，"ひとりで到達できる段階"と"他者の援助によって到達できる段階（明日の発達水準）"のあいだの領域のことを指す[16]．ここに他者の介入可能性がある．

リハビリテーションの現場では，子どもとセラピストが共同で問題や課題に取り組みながら解決していくプロセスを踏み，それを子どもが自分のものとしていく過程が不可欠である．Vygotskyは，それを"発達"と呼んだのである．

発達の結果，他者と同じ（ような）行動を獲得するためには，他者行動の適切な部分に注意を向け，他者行動を認識することが前提となる．そして自己身体の同じ部分に注意を向け，意識化し，コントロールし，その結果を比

較・照合していく作業が必要になる．
　このようなプロセスを経て目に見える形となって現れたもの，それが模倣という現象なのではないだろうか．

発達リハビリテーションの提言

　子どもを対象とした小児リハビリテーションでは，発達途上の子どもを相手にしているにもかかわらず，（特に運動障害をもつ子どもに対しては）発達という現象についてあまり考慮してこなかったように思える．しかし本書で再三紹介してきたように，自己の運動発現とその発達には，自己身体の認識と他者行動との比較照合作業が重要な役割を果たしている．そして他者行動の認識に自己身体や自己の運動経験が影響を及ぼしているという双方向性の循環的過程が作用していることが明らかになりつつある．したがって今後は小児リハビリテーションの臨床においても他者の重要性が強調されるべきである．子どもにかかわるセラピストは，子どもの認知能力と外部世界のとらえ方，すなわち子どもの内的世界を評価し，それと目に見える問題との整合性を考えていくことが必要であろう．

　小児リハビリテーションの現場でこれまで抜け落ちていた"発達"という現象をセラピスト自身が意識し，異常と思われる目に見える病態をとらえ直していくという作業は困難を伴うが，"発達"という現象が子どもの内的，外的要素からなる複雑なシステムによっていることから考えれば当然の作業であろう[17]．

　臨床の現場で子どもにかかわるセラピストは"発達"と向き合うべきである．すなわち"発達リハビリテーション"の展開を目指していくことが，将来の子どもたちやその家族の希望や願いに応えられる唯一の方法であると考える．

<h1>文　献</h1>

■**文　献**（1，2，12，16 は参考文献）

1. 小西行郎. 赤ちゃんと脳科学. 集英社；2003.
2. 産経新聞「新赤ちゃん学取材班」. 赤ちゃん学を知っていますか？―ここまできた新常識. 新潮文庫；2006.
3. Thelen E, et al. The relationship between physical growth and a newborn reflex. Infant Behav Dev 1984；7：479-93.
4. Zelazo PR, et al. "Walking" in the newborn. Science 1972；176：314-5.
5. Barbu-Roth M, et al. Neonatal stepping in relation to terrestrial optic flow. Child Dev 2009；80：8-14.
6. Siqueland ER, Lipsitt LP. Conditioned head-turning in human newborns. J Exp Child Psychol 1966；3：356-76.
7. Rochat P. Mouthing and grasping in neonates: evidence for the early detection of what hard or soft substances afford for action. Infant Behav Dev 1987；10：435-49.
8. Molina M, Jouen F. Modulation of the palmar grasp behavior in neonates according to texture property. Infant Behav Dev 1998；21：659-66.
9. Molina M, Jouen F. Haptic intramodal comparison of texture in human neonates. Dev Psychobiol 2003；42：378-85.
10. 小西行郎ほか. 姿勢の評価は未熟児における脳障害の判定に役立つか？ 脳と発達 1993；25：3-8.
11. Clopton NA, et al. Investigation of trunk and extremity movement associated with passive head turning in newborns. Phys Ther 2000；80：152-9.
12. JS ブルーナー（Bruner JS）・岡本夏木 訳. 認識能力の成長：認識研究センターの協同研究. 明治図書出版；1968.
13. 入來篤史. 道具を使うサル. 医学書院；2004.
14. 森岡　周. 特集 発達障害. 認知神経科学：「脳の中の身体」の発達／発達障害. 現代思想 2007；35(6)：69-85.
15. 浅野大喜. 乳幼児・発達障害児の内的世界：内部観察的視点をもったリハビリテーションへ. 認知運動療法研究 2007；6：50-63.
16. LS ヴィゴツキー（Vygotsky LS）・土井捷三，神谷栄司 訳.「発達の最近接領域」の理論：教授・学習過程における子どもの発達. 三学出版；2003.
17. 浅野大喜. 症例報告：脳性麻痺の新生児・乳幼児からの認知運動療法. 理学療法ジャーナル 2008；42(4)：297-302.

あとがき

　昔，新生児の有能性を強調して話題になった Bower TGR が著書"乳児期—可能性を生きる"（ミネルヴァ書房）のなかでこう述べている．
　"赤ちゃんはある日突然魔法のように人間になるのではない．生まれたときからすでに人間なのである"
　新生児といえども未熟ながら私たちと同じように感じる能力をもっており，私たちと異なる存在ではない．そして重い障害をもっている子どもたちも私たちと同じようにいろいろなことを感じる能力をもっていることを忘れてはならない．そのため彼らの世界を理解することはまったく不可能ではない．しかしその一方で，私たちとは異なる存在であることもまた事実である．
　第1章で紹介したさまざまな錯覚実験などから明らかになってきたように，私たちの身体表象というものは，皆が共通したものをもっているという暗黙的な了解がありながら，ちょっとした身体情報の不整合によって容易に歪んでしまう可能性がある．その脆弱さゆえに，私たちは毎日動いて外界と相互作用することによって常日ごろから自分の身体表象を更新し続けているのである．そのため，①運動障害をもつ脳性麻痺児にとっては，自分の体性感覚的身体表象や視覚的身体表象が，②知的障害をもつ知的障害児にとっては，身体表象に根ざした外部を表象し操作する能力が，そして，③社会的能力に障害をもつ自閉性障害児にとっては，他者の身体表象や自己の社会的身体表象がそれぞれ発達不全となっている可能性が大いにある．
　筆者は認知神経リハビリテーション（認知運動療法）と出会って，子どもたちの内部を観察することの重要性を知った．つまり自己の身体表象や外界をどのようにとらえているのかといった視点である．そして最も社会的な生き物であるヒトの発達に通底する経験基盤は"他者性"であることはもはや言うまでもない．

本書は多くの人たちとの出会いや議論によって完成した．特にこれといった業績や学歴もない自分に本の執筆を勧めて下さった畿央大学の森岡周先生，それに快く同意し応援して下さった県立広島大学の沖田一彦先生に深く感謝の意を表したい．お二方はいつも私のよき理解者であり，師と仰ぐ存在である．また幅広い視野をもって発達をとらえていくという視点は日本認知神経リハビリテーション学会の多くの会員諸氏との関係性がなければ得られなかった．この場を借りて感謝を申し上げる．

　毎月当院で行っている小児ミーティングのメンバー（岩見千恵子，福澤友輝，此上剛健，長友昌子）の各諸氏には，いつも発達についての議論に遅い時間まで付き合っていただいた．彼らの探究心と励ましがなければ本書は完成しなかったと思う．ここに深く感謝する次第である．

　最後になったが，これまで発達の様相を観察する機会を与えてくれた多くの子どもたちとそのご両親に御礼と敬意を表したい．

　本書の執筆は自分の子どもの育児の合間に少しずつ書きためながら進めてきた．子どもの発達について語る前にまず自分の子どもの育児をしっかりとこなすべきだというポリシーをもってやってきたつもりであるが，うまくできたかどうかはわからない．これもまた他者すなわち家族によって判断されるものであろう．

　今回は障害児に対するリハビリテーションについて具体的な事例や方法を紹介することは本書の趣旨ではないためにできなかった．また機会があればいずれ紹介できたらと思っている．

　本書を読んで少しでも発達という現象に興味をもち，さまざまな障害をもつ子どものリハビリテーションについて，幅広い視野をもって考察し，新しい展開が生まれることを願っている．

2012年1月8日

　　　　　　　　　　　　　　　　　　　　　　　　　浅 野 大 喜

索　引

■あ
アモーダル情報	4
相手の意図を再現する模倣	83

■い
イミテーション	78
移動経験が社会的相互作用を変化させる	70
意図を読んで模倣	85
手本と同じ動かし方をした割合	85
方向の一致率	85
意図を理解した模倣	78

■う
運動主体感	27
運動の大きさと繰り返し	56

■え
エミュレーション	78
延滞模倣	45

■お
大人との社会的親密度	89
——に対して見せる行動	56

■か
覚醒敏活活動期	17
合掌ニューロン	12
感覚運動経験	11
感覚モダリティ	3
視覚	3
触覚	3
前庭感覚	3

聴覚	3
関係発達論	6
精神間作用（inter-mental）から精神内機能（intra-mental）	6, 105
発達障害児の世界	6

■き
記憶学習	45
機能的リーチング	28
共同性	3, 9
共同注意行動	71
共有行動としての模倣への発達	86
近赤外線分光法を用いた研究	93

■く
空間的・時間的な一致性	24

■け
経験構造	95
形態模倣	78
結果を再現する模倣	78
原始歩行	99

■こ
コミュニケーションとしての模倣行動	47
mirroring	47
大人の mirroring 行動	48
逆模倣（counter-imitation）	47
新生児始動（neonatal initiation）	48
相互模倣（reciprocal imitation）	47
模倣の役割	47
誘発行動（provocation）	48

111

行為の可能性の知覚	31	体幹と手が同時に動いた平均頻度	31
腕に重りをつけたときのリーチングの変化		ひとりで座れる乳児とひとりで座れない乳	
	32	児のリーチング行動の比較	30
口唇探索反射	10, 100	頭と対象との距離	30
効率的な模倣から経験共有のための模倣への		手と対象との距離	30
転換期	87	ひとりで座れない乳児	29
子どもの発達	7	——で座れる乳児	29
個別性	9	姿勢反射	101
		舌出し模倣	80
■し		自他を区別するためのメカニズム	24
ジェネラルムーブメント	15, 16	失敗例から正しい目標を模倣	84
視覚的身体（表象）	18, 19	社会的身体表象	92, 102
——（身体イメージ）	102	社会的随伴性に対する感受性	45
——の発達	22	still face 期間	45, 47
視覚的探索行動	15	still face 効果	45, 46
視覚的リーチング	27	still face 実験	47
視覚と探索行動の関係	33	still face パラダイム	45
探索行動の発達変化	35	社会的随伴性の検出	50
片手つかみ（monograsping）	34	手段-目的行動の意図理解	67, 68
口での探索行動（mouthing）	35	状況を判断して模倣	82
視覚探索（looking）	35	煙突から入れる	82
指での探索（fingering）	34	ドアから入れる	82
両手つかみ（bigrasping）	34	情動共有モデル	52
視覚を用いた外部対象の探索	18	情動を伴った相互作用	43
自己効力感	27	間情動性（interaffectivity）	43
自己身体と他者身体の同型性・相補性から生		ミラーリング（mirroring）	43, 45
まれる自己認識	95	初期の emulation における音と社会的親密	
自己身体認識	23	度の影響	90
自己身体の位置錯覚	25, 26	音のみ条件	90
——の視覚的確認行動	27	コントロール条件	90
——の体性感覚情報と視覚情報の統合	28	相互作用＋音条件	90
——の体性感覚による探索	9	相互作用のみ条件	90
——の探索	18	新生児の視覚世界	2
自己身体保持感の認識過程	26	——の視覚的な自己身体の確認行動	20, 21
自己認識	95	新生児模倣	48
自己の運動経験が他者行動への注意を高める		身体イメージ	18, 19
	61	——の形成	31
探索行動の活発な乳児	61	身体図式	18
——の低い乳児	61	身体と身体が出会う	3, 9
自己の経験が他者行動への注意を高める	64	共同性	9
姿勢制御能力と探索行動	29	身体模倣の発達	78
骨盤周囲の固定力によるリーチングの変化		随伴性検出理論	44
	31	随伴性検出モジュール(contingency detec-	
頭と対象との距離	31	tion module; CDM)	44

索　引

■せ
接触部位の組み合わせニューロン　　12, 14
選好注視法　　　　　　　　　　22, 56, 63
前庭感覚　　　　　　　　　　　　　　　3

■そ
双方向性の循環的過程　　　　　　　　106
相補性　　　　　　　　　　　　　　　3, 4
　吸啜行動　　　　　　　　　　　　　　4
　クーイング（cooing）　　　　　　　　4
　原会話（protoconversation）　　　　　5
　能動と受動のやりとり　　　　　　　　4
　役割交替を伴ったやりとり（turn taking）
　　　　　　　　　　　　　　　　　　　5

■た
ダブルタッチ　　　　　　　　11, 12, 13
　経験　　　　　　　　　　　　　　　15
　　身体図式　　　　　　　　　　　　15
　　体性感覚的身体表象　　　　　　　15
　　発達的変化　　　　　　　　　　　12
ダブルビデオパラダイム　　　　　　　50
ダブルビデオパラダイム実験　　　　　50
　ライブ条件　　　　　　　　　　　　50
　リアルタイムに相互交渉　　　　　　50
　リプレイ条件　　　　　　　　　　　50
ダブルビデオパラダイムと異なる方法　51
　imitation 条件　　　　　　　　　　51
　natural 条件　　　　　　　　　　　51
　noncontingent 条件　　　　　　　　51
第一次間主観性　　　　　　　　　　　6
体性感覚情報と視覚情報の統合過程　　22
体性感覚的身体　　　　　　　　17, 18, 19
――と統合された視覚的身体表象　　　27
体性感覚的身体表象　　　　　　　　　18
――（身体図式）　　　　　　　　　102
高い情動的 mirroring　　　　　　　　51
他者が物を扱う行動に対する乳児の注意・記
憶　　　　　　　　　　　　　　　　62
他者行動に対する注意　　　　　　　　59
他者行動に対する注意の発達過程　　　63
　出生〜生後 6 か月まで　　　　　　63

　生後 7 か月ごろ〜　　　　　　　　63
　生後 10 か月ごろ〜　　　　　　　　63
他者行動の意図理解　　　　　　　　　65
　Woodward のパラダイム　　　　　65
　　乳児の意図理解　　　　　　　　　65
　心の理論　　　　　　　　　　　65, 69
　馴化試行　　　　　　　　　　　　　65
他者行動の意図理解を含めた模倣　　　77
――の認知　　　　　　　　　　　　　55
他者との関係性のなかで発達　　　　　　6
　ネグレクト　　　　　　　　　　　　　6
　保護者の養育拒否　　　　　　　　　　6
他者認識　　　　　　　　　　　　　　95

■ち
チンパンジーとヒトの模倣の違い　　　92
　emulation　　　　　　　　　　　　92
知覚−運動経験　　　　　　　　　　104
知覚と運動の循環　　　　　　　　　104

■と
同型性　　　　　　　　　　　　　　3, 4
　共鳴動作（co-action）　　　　　　　4
　新生児模倣　　　　　　　　　　　　4

■に
二重接触　　　　　　　　　　　　　　11
乳児に対して見せる行動　　　　　　　56
乳児の興味　　　　　　　　　　　　　45
　自己から"私のような"　　　　　　45
　――"私に近い"　　　　　　　　　45
乳児の心理的スタンスの発達段階　　　54
　他者に対してもつ認識の発達　　　　54
　第 1 段階　　　　　　　　　　　　54
　第 2 段階　　　　　　　　　　54, 55
　第 3 段階　　　　　　　　　　54, 55
　第 4 段階　　　　　　　　　　54, 55
　第 5 段階　　　　　　　　　　54, 55
乳児向けに調節　　　　　　　　　　　56
――の行動　　　　　　　　　　　　　56
――の話し方　　　　　　　　　　　　56
認知模倣　　　　　　　　　　　　　　91

■は

ハンドリガード	19
――な視覚的な身体認識	15
把握反射	100
発達	104, 105, 106
発達の最近接領域	105
他者の援助によって到達できる段階（明日の発達水準）	105
ひとりで到達できる段階	105
発達リハビリテーション	106
母親語	56
母親と乳児の関係性の質	43

■ひ

低い情動的 mirroring	51
非対称性緊張性頸反射	19, 101
表象の発達過程	103
自己と他者の関係世界	103
映像的表象	103
象徴的表象	103
動作的表象	103

■ふ

プレリーチング（prereaching）行動	28
視覚と体性感覚の統合の表れ	28
定位行動	28

■ほ

歩行の獲得	70

■ま

マザリーズ	56
マルチモーダルな身体認識	15

■み

ミミックリー	78
ミラーニューロンシステム	92
μリズム	93
ミューリズム	93
身振りの模倣	92

■め

メタ認知	102
――の像	95

■も

モーショニーズ	56
――（motionese）への選好	56, 57
物を使った模倣の発達	81
模倣	78, 105
――する imitation	86
模倣に影響を与える因子	89
mimicry	89
大人との社会的親密度	89
音の効果の関連	89
模倣における音の効果	79
音＋視覚	79
音・視覚なし	79
音のみ	79
視覚のみ	79
模倣の意欲	81
emulation	81
mimicry	81
模倣の発達過程	91
emulation	91
imitation	91
mimicry	91
模倣の分類	77
偶発的に結果のみを再現する emulation	77
行動・行為の外見のみを再現する mimicry	77
行動・目標・結果すべてを理解して再生する imitation	77
他者行動の理解	77
結果（result）	77
行為（action）	77
目標（goal）	77
目標を理解し再現しようとする goal emulation	77
模倣の発達過程	77
模倣への気づき	48
模倣する他者像	48, 49

■や

役割交替を伴ったやりとり	43

■よ

予期的口開け	11, 12

索　引

ら
ラバーハンド錯覚　　　　　　　　　24, 25
　触覚位置の錯覚　　　　　　　　　　25
　身体保持感の錯覚　　　　　　　　　25

り
リーチング　　　　　　　　　　　　　18
リハビリテーションへの指針　　　　　104

A
α波　　　　　　　　　　　　　　　　93
αリズムの減衰　　　　　　　　　　　93
ADA　　　　　　　　　　　　　　　　56
adult directed action　　　　　　　　56
affect sharing model　　　　　　　　52
aloof 条件　　　　　　　　　　　　　87
amodal information　　　　　　　　　4
asymmetrical tonic neck reflex　19, 101
ATNR　　　　　　　　　　　　　19, 101

B
bigrasping　　　　　　　　　　　34, 35

C
CDM　　　　　　　　　　　　　　　 44
Clearfield の実験　　　　　　　　　　70
co-action　　　　　　　　　　　　　　4
contingency detection module　　　　44
――detection theory　　　　　　　　44
cooing　　　　　　　　　　　　　　　4
counter-imitation　　　　　　　　　 47

D
double touch　　　　　　　　　　　 11

E
emulation　　　　　　　　　78, 81, 91, 92
――から imitation　　　　　　　　　83
――の発達　　　　　　　　　　　　 81
enactive representation　　　　　　102

F
fingering　　　　　　　　　　　 34, 35

G
general movements（GMs）　　　　15, 16
　alert activity　　　　　　　　　　　17
　writhing movement　　　　　　 15, 17
　fidgety movement　　　　　　　15, 17

H
HAM　　　　　　　　　　　　　　　 51
hand 条件　　　　　　　　　　　　　87
high arousal 期　　　　　　　　　　1, 2
high-affect-mirroring　　　　　　　　51

I
iconic representation　　　　　　　102
IDA　　　　　　　　　　　　　　　　56
imitation　　　　　　　　　　　　78, 91
imitation から共有行動としての模倣 86, 88
　フタを開けた平均回数　　　　　　　88
　モノを使ってスイッチに触れた回数　88
infant directed action　　　　　　　 56
――directed speech　　　　　　　　56
interaffectivity　　　　　　　　　　　43
inter-mental　　　　　　　　　　　　6
intra-mental　　　　　　　　　　　　6

L
LAM　　　　　　　　　　　　　　　　52
looking　　　　　　　　　　　　　　35
low-affect-mirroring　　　　　　　　52

M
means-end task　　　　　　　　 67, 68
mimicry　　　　　　　　　　 78, 81, 89, 91
――の発達　　　　　　　　　　　　 78
mirror neuron system　　　　　　92, 93
　Mu rhythm　　　　　　　　　　　93
　μ rhythm　　　　　　　　　　　　93
mirroring　　　　　　　　　　43, 45, 47
monograsping　　　　　　　　　34, 35
motherese　　　　　　　　　　　　 56
motionese　　　　　　　　　　　　 56
――観察後の模倣行動　　　　　　　 58
――への選好　　　　　　　　　　　 57
mouthing　　　　　　　　　　　　　35

115

■N
near-infrared spectroscopy	93
neonatal initiation	48
NIRS	94
no model 条件	87

■O
object 条件	87
out-of-body experience	25, 26

■P
protoconversation	5
provocation	48

■R
reciprocal imitation	47

■S
social 条件	87
symbolic representation	102

■T
turn taking	5
——構造	43

■UVW
U 字型の変化	15
visual reaching	27
Woodward のパラダイム	66
——のパラダイム実験	69

■その他
2 か月革命	17, 18
覚醒敏活活動期の出現	17
社会的微笑の出現	17
睡眠-覚醒リズムの確立	17
他者の顔の内部への注意	17
3 つの表象発達過程	102
映像的表象（iconic representation）	102
象徴的表象（symbolic representation）	102
動作的表象（enactive representation）	102
5.5 か月児は他者行動のどこに注目し記憶しているか	60
馴化-脱馴化法と選好注視法を組み合わせた方法	59
9 か月革命	6

著者略歴

浅野大喜（あさの だいき）

1974年　愛知県に生まれる
1997年　広島大学理学部退学
2000年　広島県立保健福祉短期大学理学療法学科卒業，理学療法士
2000年　日本バプテスト病院に入職，現在に至る

リハビリテーションのための発達科学入門―身体をもった心の発達

2012年3月9日　初版第1刷発行
2012年7月2日　　第2刷発行
著　者　浅野大喜
発行者　木下　攝
イラストレーション　山川宗夫（ワイエムデザイン）
装　幀　岡　孝治
印　刷　永和印刷株式会社
製　本　永瀬製本所
発行所　株式会社協同医書出版社
〒113-0033　東京都文京区本郷3-21-10　電話03-3818-2361／ファックス03-3818-2368
郵便振替 00160-1-148631
http://www.kyodo-isho.co.jp　／　E-mai：kyodo-ed@fd5.so-net.ne.jp
定価はカバーに表記　　ISBN978-4-7639-1066-0

JCOPY〈（社）出版者著作権管理機構 委託出版物〉

本書の無断複写は著作権法上での例外を除き禁じられています．複写される場合は，そのつど事前に，（社）出版者著作権管理機構（電話 03-3513-6969，FAX 03-3513-6979，e-mail：info@jcopy.or.jp）の許諾を得てください．
本書を無断で複製する行為（コピー，スキャン，デジタルデータ化など）は，「私的使用のための複製」など著作権法上の限られた例外を除き禁じられています．大学，病院，企業などにおいて，業務上使用する目的（診療，研究活動を含む）で上記の行為を行うことは，その使用範囲が内部的であっても，私的使用には該当せず，違法です．また私的使用に該当する場合であっても，代行業者等の第三者に依頼して上記の行為を行うことは違法となります．